ESSEN UND TRINKEN
HÄLT LEIB UND SEELE
ZUSAMMEN

Für unsere Eltern und Brüder

Genuss im Alter:
Kochen für Menschen mit Demenz
© 2008 Claudia Menebröcker, Jörn Rebbe
ISBN: 978-3-8334-8935-8
Herstellung und Verlag: Books on Demand GmbH, Norderstedt

Die in diesem Buch abgebildeten Porträts von Menschen mit Demenz
haben wir dem wunderbaren Buch „Was bleibt... Leben mit Demenz",
edition uhlensee, 2006, entnommen. Auch die Bildunterschriften sind
leicht abgewandelte Textpassagen aus diesem Werk.
Wir danken den Autoren Petra und Michael Uhlmann für die freund-
liche Genehmigung.

VORWORTE

Essen und Trinken bedeutet für die meisten Menschen Lust und Genuss. Es ist ein sinnliches Erlebnis und ein wichtiger Teil unseres sozialen Lebens. Die richtige Ernährung ist bedeutsam für Gesundheit und Wohlbefinden und damit auch für die Lebensqualität im Alter.

Für Angehörige und Betreuende von Demenzkranken bringt die Versorgung der Betroffenen jedoch oft viele Probleme mit sich. Menschen mit Demenz vergessen zu essen oder sitzen am Tisch und wissen nicht, was sie dort tun sollen. Die Einsicht in die Notwendigkeit von Essen und Trinken fehlt ihnen häufig und Signale wie Hunger oder Durst können nicht gedeutet werden. Hinzu kommen Probleme wie Schluckstörungen oder der schwierig werdende Umgang mit Besteck.

Dieses Buch soll dazu beitragen, Ess- und Trinkprobleme von Menschen mit Demenz besser zu verstehen und damit umgehen zu können.

Zu Beginn gehen wir auf die durch Demenz bedingten Veränderungen ein. Wir zeigen Ihnen, was Sie tun können, um eine entspannte Esssituation zu schaffen, die dem Betroffenen die größtmögliche Selbstständigkeit bewahrt. Im Rezeptteil haben wir Speisen und Getränke zusammengestellt, die nach unseren Erfahrungen gut geeignet sind und gerne gegessen und getrunken werden.

Wir freuen uns über Rückmeldungen und Anregungen zu diesem Buch. Unsere Adresse finden Sie im Impressum.

Und nun viel Vergnügen beim Lesen und Ausprobieren der Rezepte!

Im Februar 2008
Claudia Menebröcker, Jörn Rebbe

$\mathcal{I}$NHALTSVERZEICHNIS

Essen und Trinken bei Demenz

8 Ess- und Trinkprobleme

8 ... und wie es dazu kommt
8 Keine Zeit zum Essen durch die veränderte Lebenswelt
9 Erhöhter Energiebedarf durch Unruhe und Bewegungsdrang
9 Gestörtes Hunger- und Sättigungsgefühl
9 Verlust erlernter Fertigkeiten und Handlungskompetenzen
10 Veränderte Wahrnehmung
10 Schluckstörungen

12 Diskret unterstützen ...

12 ... und wirksam helfen
12 Die persönliche Ess-Geschichte beachten
12 Gesunden Genuss bieten – angemessen aufbereitet
13 Hochkalorische Ernährung sicherstellen
14 Essen ohne Besteck ermöglichen
14 Sinne gezielt anregen – Aufmerksamkeit wecken
16 So bereiten Sie das Essen für Menschen mit Schluckstörungen zu
18 Ess- und Trinkhilfen
20 Tischkultur

23 Hinweise zu den Rezepten

Zwischendurch und unterwegs
Kuchen, Snacks & Mixgetränke

28 Pfirsichschnitte
28 Grießschnitten
30 Müsli-Snack mit Marzipan
30 Pikante Grünkernschnitten
31 Möhren-Orangen-Ecken
31 Gemüsesticks
32 Muffins mit Möhren
32 Käsekuchen ohne Boden
35 Waffeln
36 Gurken-Shake
36 Kirsch-Mandel-Milch
37 Tee-Drink mit Erdbeeren
37 Kirsch-Bananen-Cocktail
38 Gemüsecocktail
38 Pfirsichmilch mit Schmelzflocken

Alles aus einem Topf
Suppen und Eintöpfe

42 Möhrensuppe mit Orangen
42 Tomatensuppe mit Sahne
44 Lauchcremesuppe
44 Geröstete Grießsuppe
45 Zwiebelsuppe
45 Geflügelcremesuppe mit Curry
46 Erbseneintopf
48 Linseneintopf
49 Kartoffelsuppe mit Würstchen

Pikante Klassiker
Fisch, Fleisch und Beilagen

52 Heringsstipp-Mousse
54 Seelachsklößchen
56 Fischfilet in Bierteig
58 Hähnchen-Timbale
60 Leberkäse
62 Kasselermousse-Nocken
63 Entenmousse-Nocken
64 Sauerbratenmousse
66 Königsberger Klopse mit Kapern
67 Himmel und Erde mit Blutwurst
67 Omelett
68 Gemüse-Timbale
70 Blumenkohlschnitte
71 Karottenpüree
71 Erbsenpüree
72 Linsengemüse
72 Zwiebelmus
73 Lauchmus
73 Kartoffelplätzchen
74 Kartoffelpüree
74 Feine Semmelknödel
75 Speckpfannkuchen

Süße Sattmacher

78 Apfelpfannkuchen
78 Reibekuchen mit Apfelmus
80 Quarkkäulchen
81 Pickert
82 Struwen
84 Buchweizen-Blinis
85 Arme Ritter

Feine Desserts

88 Gebratenes Obst
88 Bratapfel
90 Fruchtgelee
90 Honigmelonen-Sorbet
91 Eispralinen
91 Schokoladen-Flammeri
92 Erdbeermousse

Zum Schluss

95 Über die Autoren
96 Impressum
96 Bezugsadressen

Ansonsten war die Oma ein ruhiger, recht lebenslustiger Mitbewohner, meist zufrieden mit geregelten Mahlzeiten, Eierlikör und der Alberei mit den Kindern.

ESSEN UND TRINKEN BEI DEMENZ

Demenz wird üblicherweise als eine Erkrankung beschrieben, die durch Verluste geprägt ist. Sie geht einher mit vielen Beeinträchtigungen und Veränderungen: Erinnerungsvermögen und rationales Denken gehen zu großen Teilen verloren. Das emotionale und soziale Verhalten und die Motivation verändern sich. Worte und Sprache bekommen immer weniger Bedeutung.

Es bleibt aber die Leiblichkeit der Menschen, ebenso ihre Sinnlichkeit, ihre Gefühle und auch ihr Wunsch nach Beteiligung, Kreativität und sinnvoller Beschäftigung. Diese Bedürfnisse äußern sich vielleicht auf andere Art als üblich, aber sie sind da.

Essen und Trinken als sinnlicher und kreativer Aspekt des Alltags ist geeignet, auch bei Demenz die Freude am Tagesgeschehen zu fördern, Menschen zu beteiligen und das Leben spüren zu lassen. Wenn Essen und Trinken Freude macht, ist das ein wichtiger Beitrag zur Gesunderhaltung. Das Wissen der Betreuenden um die Probleme, die durch die Erkrankung verursacht werden, und ihr Verständnis erleichtern es den Menschen mit Demenz, sich bestmöglich zu ernähren.

ESS- UND TRINKPROBLEME ...

... und wie es dazu kommt
Bei fast allen Menschen mit Demenz kommt es im Verlauf ihrer
Erkrankung zu Gewichtsverlusten verbunden mit Mangelernährung.
Dafür sind Veränderungen des Stoffwechsels und kognitive Einbußen
verantwortlich.

Störungen der Appetitregulation, erhöhter Energiebedarf durch Unruhe
und Mobilität sowie mangelnde Nahrungsaufnahme bei Pflegebedürf-
tigkeit verschärfen die Situation bei fortschreitender Krankheit. Dazu
kommen natürlich alle potenziellen Risikofaktoren, die die Ernährung im
Alter erschweren, wie z. B. veränderte Geschmackswahrnehmung,
Abbau von Muskelmasse, Immobilität, Erkrankungen des Magen-Darm-
Trakts oder auch Nebenwirkungen von Medikamenten.

Häufige durch Demenz verursachte Ernährungsprobleme werden im
Folgenden genauer beschrieben.

Keine Zeit zum Essen durch die veränderte Lebenswelt
Die subjektive Lebenswelt der Betroffenen unterscheidet sich vielfach
deutlich von der von außen als real wahrgenommenen. Menschen mit
Demenz fühlen sich oft jung und kompetent und haben in ihrer
Gedankenwelt vielleicht andere Dinge zu erledigen. Angehörige und
Betreuende bekommen dann schon mal von einer hochbetagten
Dame zu hören, dass sie nun das Haus verlassen müsse, um in ihrem
eigenen Haushalt das Essen für ihre Familie zuzubereiten.
Akzeptieren Sie diese Äußerung und lenken Sie geschickt ab, z. B.
indem Sie darauf hinweisen, dass Sie für die Familie etwas vom Menü
zurückstellen würden, die Dame aber schon mal etwas essen könne.
So können Sie die Situation klären und die notwendige Ruhe für die
Aufnahme der Mahlzeit herstellen.

Erhöhter Energiebedarf durch Unruhe und Bewegungsdrang

Einige Demenzkranke sind sehr unruhig, auch wenn sie dabei nicht mobil sind, andere laufen ständig umher, manchmal mehrere Kilometer am Tag. Beides führt zu einem erhöhten Energiebedarf. Er kann unter Umständen – wie bei einem Sportler – auf 3.000 bis 4.000 Kilokalorien (kcal) am Tag und auch mehr ansteigen. Im Vergleich dazu: Gesunden Senioren wird von der Deutschen Gesellschaft für Ernährung eine tägliche Energiezufuhr von etwa 1.800 kcal empfohlen. Regelmäßige energiereiche Mahlzeiten sind hier erforderlich, um Gewichtsverluste zu vermeiden. Im Einzelfall ist auch hochkalorische Trinknahrung, die vom Hausarzt verordnet werden kann, empfehlens- wert, um das Gewicht zu halten.

Gestörtes Hunger- und Sättigungsgefühl

Einige Betroffene haben andauernd Hunger, andere fühlen sich immer gesättigt. Körpersignale wie Magenknurren oder Übelkeit werden nicht gedeutet und es fehlt die Einsicht in die Notwendigkeit von Essen und Trinken. Im Gegenteil, längeres Fasten kann sogar zu einer Stimmungsverbesserung führen. Dann ist es für den Erkrankten nicht einzusehen, dass man ihm andauernd etwas anbietet. Das kann zu Aggressionen führen.

Diejenigen, die keinen Appetit haben, können durch ein anregendes, lecker aussehendes Angebot verführt werden, zuzugreifen.

Denjenigen, die andauernd hungrig sind, sollten Sie zwischendurch vor allem Obst und Gemüse anbieten, damit sie nicht an Gewicht zuneh- men und ihre Versorgung dadurch nicht zusätzlich erschwert wird.

Verlust erlernter Fertigkeiten und Handlungskompetenzen

Manchem Demenzkranken ist der Umgang mit Besteck nicht mehr präsent oder wird von ihm als Gefahr gedeutet, so dass er es nicht mehr benutzen will. Das Essen ohne Besteck – also mit den Fingern – kann die Selbstständigkeit erhalten und stressfreies Essen fördern. In unserer Kultur ist das vielfach nicht akzeptiert, aber wenn man sich in anderen Ländern umschaut oder den zunehmenden Verzehr von Fast Food ansieht, verliert auch das Essen mit Fingern seinen Schrecken.

Veränderte Wahrnehmung

Insgesamt kann sich die Wahrnehmung verändern und Speisen und Getränke werden nicht als solche erkannt. Die Anregung aller Sinne – hören, sehen, riechen, ertasten und dann schmecken – erleichtert das Verstehen der Situation.

Saures schmeckt Demenzkranken offensichtlich bitter und wird manchmal wieder ausgespuckt. Dagegen lässt sich beobachten, dass Süßes besonders gerne gegessen wird.

Es bietet sich an, auch pikante Gerichte mit Zucker zu süßen – selbst wenn das nicht den üblichen Gewohnheiten entspricht.

Problematisch für das Essen in Gemeinschaft ist der mögliche Verlust ehemals erlernter Tischmanieren. Begleitenden und betreuenden Personen wird hier ein hohes Maß an Gelassenheit und Toleranz abverlangt.

Menschen mit Demenz können sich nicht an ihre Umgebung anpassen, die Umgebung muss – soweit es geht – ihren Bedürfnissen entsprechen.

Gefühle von Angst und Bedrohung können bei Demenzkranken zu Wahnvorstellungen, Vergiftungsängsten und zur Ablehnung der Nahrungsaufnahme führen. Der Einfluss der Erkrankung auf das psychische Wohlbefinden der Betroffenen wird hier nochmals besonders deutlich.

Eine Umgebung, die Sicherheit und Vertrauen schafft, kann solche Ängste verringern. Allerdings können auch Depressionen mögliche Ursache der Ablehnung von Essen und Trinken sein.

Schluckstörungen

Schluckstörungen treten im fortgeschrittenen Stadium der Demenz immer häufiger auf. Sie erschweren Essen und Trinken massiv und erhöhen das Risiko des Verschluckens und Einatmens in die Lunge, verbunden mit Fieber und Lungenentzündungen.

Schlucken ist ein komplexer Vorgang, der normalerweise 1.500- bis 2.000-mal am Tag geschieht, ohne dass man sich Gedanken darüber macht. Fünfzig Muskelpaare, die vom Gehirn koordiniert werden, sind notwendig, damit er reibungslos abläuft. Es ist leicht vorstellbar, dass es viele Punkte gibt, an denen dieser Prozess gestört sein kann, vor allem bei Erkrankungen, die das Gehirn betreffen, wie eben der Demenz.

Für Menschen mit Schluckstörungen erfordert die Nahrungsaufnahme sehr hohe Konzentration und wird oft zur Schwerstarbeit. Die Angst sich zu verschlucken oder die Scham „nicht richtig" essen zu können, verdirbt den Betroffenen den Appetit. Sie essen und trinken weniger oder lehnen es völlig ab. Die Folgen sind Gewichtsabnahme, Mangelernährung und Austrocknung.

Symptome von Schluckstörungen
Die differenzierte Diagnose von Schluckstörungen ist Sache von Neurologen und Logopäden. Aber auch Angehörige und Betreuende können typische Symptome beobachten, die auf Schluckstörungen hinweisen:

- häufiges Husten und Verschlucken bei den Mahlzeiten
- andauerndes Würgen oder Räuspern beim Essen
- Speichelfluss oder Nahrungsaustritt aus dem Mund
- Schwierigkeiten beim Tablettenschlucken
- mehrfaches Schlucken ohne Weitertransport der Speisen
- Nahrungsreste verbleiben auch nach der Mahlzeit am Gaumen, im Mund oder in den Wangentaschen
- eine gurgelnde oder belegte Stimme
- erhöhte Temperatur, Lungenentzündung
- Ablehnung der Nahrungsaufnahme

In diesen Fällen sollte immer der Hausarzt um Rat gefragt werden.

Die passende Konsistenz der Speisen unterstützt das sichere Schlucken. Auf S. 16 beschreiben wir, wie Sie dafür die Zutaten vorbereiten.

Bei den Rezepten in diesem Buch weist folgendes Symbol darauf hin, dass eine Speise für Menschen mit Schluckstörungen geeignet ist.

DISKRET UNTERSTÜTZEN ...

... und wirksam helfen

Essen und Trinken soll Menschen mit Demenz vor allem Freude und Genuss verschaffen. Außerdem soll es ihre bestmögliche Versorgung mit Energie und Nährstoffen sichern. Wenn Sie die folgenden Gesichtspunkte berücksichtigen, leisten Sie einen großen Beitrag zu einem freudvollen und leichteren Gelingen.

Die persönliche Ess-Geschichte beachten

Die Lebensgeschichte prägt jeden Menschen. Dazu gehört auch seine persönliche Ess-Geschichte. Eine Essbiografie ist hilfreich, um anhand von Herkunft, beruflicher Tätigkeit und Erfahrungen einer Person herauszufinden, welche Speisen sie gern gegessen hat. So liebt jemand, der im Schwäbischen aufgewachsen ist, vielleicht Linsen mit Spätzle, ein anderer isst womöglich gerne Labskaus, wenn er viele Jahre seines Lebens im Norden verbracht hat. Auch der einstige Tagesablauf kann Hinweise auf individuelle Ess-Gewohnheiten geben, z. B. wann ein Mensch üblicherweise aufgestanden ist oder ob jemand regelmäßig abends eine warme Mahlzeit gegessen hat.

Gesunden Genuss bieten – angemessen aufbereitet

Getränke, Obst und Gemüse, Vollkornprodukte und Kartoffeln sind die wichtigsten Zutaten der gesunden Ernährung. Milchprodukte, Fleisch, Fisch und Eier sind die optimale Ergänzung. Dabei ist selbstverständlich zu beachten, was der Betroffene gerne mag. Die folgenden Tipps unterstützen Sie bei der Speisenauswahl:

Getränke

Getränke: süß und nicht zu kalt

Menschen mit Demenz bevorzugen aufgrund ihrer veränderten Geschmackswahrnehmung oftmals süße Getränke, die nicht zu kalt sind. Saure Säfte werden von vielen abgelehnt.
Als Milchmix-Getränk oder durch Mischen mit Bananen- oder Pfirsichsaft kann der saure Geschmack gemildert werden. Ebenso können Getränke wie Orangensaft, der zu sauer erscheint, auf Wunsch einfach mit Zucker nachgesüßt werden.

Obst und Gemüse

Frisches Obst und Gemüse wird auch von Menschen mit Demenz gerne gegessen, wenn es in mundgerechten Stücken angeboten wird. Gekochtes Gemüse als Salat, in Cremesuppe oder Gemüsesaft trägt ebenso zur Vitaminversorgung bei.

Wenn frisches Obst aufgrund von Kau- oder Schluckbeschwerden nicht gegessen werden kann, eignen sich Kompott oder Fruchtsaft.

Obst und Gemüse: mundgerecht, bei Bedarf als Saft oder Suppe

Vollkornprodukte und Kartoffeln

Neben Kartoffeln, Obst und Gemüse sind Vollkornprodukte wichtige Ballaststofflieferanten. In den Rezepten dieses Buchs wird immer ein Anteil Vollkornmehl verwendet, da es die Ballaststoffversorgung unkompliziert ergänzt. Fein gemahlen machen sie auch keine Schwierigkeiten beim Kauen oder Schlucken.

Vollkornmehl fein mahlen

Fleisch, Fisch und Eier

Fleisch, Fisch und Eier liefern Eiweiß und viele wichtige Mineralstoffe. Fasern im Fleisch oder Gräten im Fisch erschweren jedoch einigen Menschen den problemlosen Genuss.

In den Rezepten werden verschiedene Vorschläge mit pürierten Zutaten gemacht, die leicht zu essen sind.

Fleisch und Fisch bei Bedarf pürieren

Hochkalorische Ernährung sicherstellen

Ein hoher Energiebedarf von 3.000 bis 4.000 kcal ist eine große Herausforderung bei der Zusammenstellung der Mahlzeiten. Der hohe Bedarf kann nur durch viele kleine, jedoch hochkalorische Mahlzeiten gedeckt werden, die stets zur Verfügung stehen sollten.

Hoher Energiebedarf: Sahne- und Vollfettprodukte einsetzen, Säfte und zuckerhaltige Getränke

- Empfehlenswert sind energiereiche Zwischenmahlzeiten wie z. B. Sahnejoghurt, Sahnequark oder Milchreis.
- Die Verwendung von vollfetten Milchprodukten mit 3,5 % Fett, Käse über 45 % Fett i. Tr. und fettreichen Wurstsorten trägt ebenfalls dazu bei, die Energiezufuhr zu erhöhen.
- Reichern Sie Speisen wie Suppen, Soßen und Kartoffelpüree mit Fett, z. B. Butter, Sahne bzw. Creme fraîche, oder hochwertigen Ölen wie Rapsöl und Olivenöl an.
- Zusätzlich sollten energiehaltige Getränke wie Malzbier oder Frucht- und Gemüsesäfte angeboten werden.

Wenn der Betroffene trotzdem an Gewicht verliert, geben Sie in Absprache mit dem Hausarzt ergänzend energiereiche Trinknahrung.

Essen ohne Besteck ermöglichen

Fingerfood:
*Greifen,
kauen,
schmecken,
schlucken*

Bieten Sie Menschen, die nicht mit Besteck essen können oder wollen, die Speisen in Form von „Fingerfood" an. Fingerfood verbessert die Selbstständigkeit und die Selbstbestimmung. Beim Frühstück und Abendessen ist das Essen mit den Fingern üblich, aber auch mittags lassen sich Gerichte in mundgerechten und gut greifbaren Häppchen servieren.

- Reichen Sie Suppen (ohne Stücke) zum Trinken in einem Becher.
- Die Konsistenz muss gut zu greifen, aber ebenso einfach zu kauen und schlucken sein. Mundgerecht geschnittene Fleischstücke, Gemüse, Kartoffeln oder Kroketten, angedickte Süßspeisen in Stücken oder weiches Gebäck in einer Größe von 1–2 Bissen können ohne Besteck verzehrt werden.

Viele der folgenden Rezepte sind zum „Essen ohne Besteck" geeignet. Sie sind mit dem Symbol gekennzeichnet.

Sinne gezielt anregen – Aufmerksamkeit wecken

Essen und Trinken ist ein sehr sinnliches Erlebnis. Die gezielte Anregung aller Sinne fördert den Appetit, wenn sich angesichts eingeschränkter Wahrnehmung die Freude am Essen nicht so recht einstellen mag.

Hören:
*Vertraute
Geräusche
wecken die
Neugier*

Hören

Wenn das Geschirr beim Tischdecken klappert oder die Kaffeemaschine „glucksende" Geräusche macht, erhöht das die Aufmerksamkeit und weckt die Neugier.

- Benennen und beschreiben Sie das Menü, wenn Sie es servieren. Das hilft dem Demenzkranken, es zu erkennen.
- Essgeräusche beim Verzehr knackiger oder knuspriger Zutaten wie Salat, Brötchen oder Chips können ebenfalls dazu anregen, weiter zu essen.

Sehen:
*Licht, Farbe
und Konturen
schaffen
klare Sicht*

Sehen

„Das Auge isst mit" – aber viele alte Menschen sehen nicht mehr einwandfrei. Gemusterte Tischdekorationen können das Essen erschweren. So kann es passieren, dass jemand versucht, eine Serviette mit Obstmustern zu essen oder die Blumen, die auf die Tischdecke gedruckt sind, zu gießen.

- Decken Sie den Tisch nur mit den notwendigen Dingen. Tischdekorationen schaffen leicht Verwirrung und sollten nur sparsam eingesetzt werden. Das gilt auch für dekorative Elemente, die zur jahreszeitlichen Orientierung dienen sollen.

- Sorgen Sie für eine saubere Brille und ausreichende Beleuchtung.
- Farblich deutlich zu erkennende und zu unterscheidende Komponenten sowie klare Konturen erleichtern es Menschen mit Demenz, Speisen und Getränke zu erkennen.
- Ein Glas mit Wasser ist weniger gut zu erkennen als ein bunter Becher oder ein Glas mit einem farbigen Getränk.
- Die Grenzen eines weißen Tellers auf einer weißen Tischdecke sind manchmal schwierig auszumachen. Dann helfen ein farbiger Rand am Teller oder eine einfarbig bunte Tischdecke, die sich deutlich vom Teller unterscheidet.
- Bei mangelnder Sehkraft ist als Kontrastfarbe Rot zu empfehlen. Sie ist die am längsten erkennbare Farbe bei starker Sehschwäche.

Riechen

Leckerer Duft von Speisen kann schon das Wasser im Mund zusammen laufen lassen und ist wichtig zur Vorbereitung auf das Essen. Andererseits kann ein streng riechendes Gericht schlagartig den Appetit verderben, auch wenn es einst gerne gegessen wurde. Besonders Gerüche sind vielfach mit Erinnerungen verbunden und können bei jedem Menschen eine andere Reaktion hervorrufen, die zu beobachten und zu berücksichtigen ist.

> **Riechen:** Angenehme Düfte rufen angenehme Erinnerungen wach

Tasten

Besonders Menschen, die schlecht sehen oder die Lebensmittel aufgrund der Demenz nicht identifizieren können, können die Speisen durch Anfassen „be-greifen" und werden so zum Essen aufgefordert. Auch die selbstständige Bewegung der Speisen von der Hand zum Mund, ob mit Besteck oder mit den Fingern, fördert das Essen. Wenn Anreichen notwendig ist, führen Sie die Bewegung, während der Betroffene die Speise, das Besteck oder Trinkgefäß selbst mit der Hand umfasst. Das gibt dem alten Menschen Sicherheit und er kann seinen eigenen Rhythmus entwickeln.

> **Tasten:** Berühren und Anfassen setzt Impulse frei

Schmecken

Die Wahrnehmungsfähigkeit aller Sinne nimmt im Alter ab, auch der Geschmackssinn. Aus diesem Grund ist es durchaus empfehlenswert, Speisen für Senioren eher kräftig zu würzen. Dabei muss nicht unbedingt verstärkt gesalzen werden. Verwenden Sie Gewürze, die den Senioren auch von früher bekannt sind, wie z. B. Bohnenkraut,

> **Schmecken:** Gut gewürzt schmeckt es Senioren am besten

Liebstöckel, Majoran oder Kümmel.

- Bei Schluckstörungen empfiehlt es sich, die Kräuter in Mullsäckchen o. Ä. mitzukochen und dann vor dem Servieren zu entfernen. So bleibt der gute Geschmack, ohne störende Bestandteile, in den Speisen.
- Menschen mit Demenz bevorzugen oft besonders süße Speisen und Getränke. Manche essen sogar gerne ein Fleischgericht, das mit einem Löffel Zucker nachgesüßt wurde. Diesen Vorlieben sollte individuell nachgegeben werden, wenn das zur verbesserten Nahrungsaufnahme beiträgt.

So bereiten Sie das Essen für Menschen mit Schluckstörungen zu

Wichtigstes Kriterium des Speisenangebots bei Schluckstörungen ist die Konsistenz der Nahrung - von fest bis flüssig. Welche Kostform geeignet ist, hängt von den vorliegenden Problemen ab.

Weiche Kost

Wenn nur leichte Störungen beim Schlucken bestehen, kann weitgehend normal gegessen werden. Nicht geeignet sind Speisen mit unterschiedlichen Konsistenzen wie z. B. Eintopf oder auch eine Süßspeise mit stückiger Einlage, da die Koordination und Kontrolle von fester und flüssiger Nahrung für die Betroffenen oftmals schwierig ist. Einige lenkt das auch vom Essen ab.

Einzelne Komponenten können an die Schluckstörungen angepasst werden. Es können z. B. Kartoffeln statt Reis, Pfirsich statt Ananas oder Geflügel statt Rinderbraten serviert werden. Dabei ist darauf zu achten, dass die Speisen weder krümelig noch faserig sind.

Teilpürierte Kost

Manchmal beschränken sich die Schwierigkeiten auf das Zerkleinern von Fleisch oder Fisch.

Es bietet sich an, nur Fisch oder Fleisch zu pürieren und alle anderen Komponenten als weiche Kost anzubieten.

Pürierte Kost

Bei dieser Koststufe werden die Speisen mit dem Mixer zerkleinert. Sie bilden eine homogene Masse und haben keine Krümel oder Fasern.

- Wenn sich die Speisen nicht gleichmäßig mixen lassen, streichen Sie sie zusätzlich noch durch ein Haarsieb, um Probleme beim

Schlucken zu vermeiden.
- Angedickt mit Gelatine oder auch Agar-Agar kann die pürierte Kost appetitlich in Form gebracht werden und ist gleichzeitig leicht zu essen.
- In den Rezepten sind diese Speisen mit dem Symbol [⏝] gekennzeichnet.

Getränke
Bei Schluckstörungen kann die rasche Fließgeschwindigkeit von Getränken Probleme bereiten und zum Verschlucken führen, was die Ablehnung des Trinkens mit sich bringen kann.
Durch Andicken von Getränken lässt sich der Schluckvorgang besser steuern. Verschiedene geschmacksneutrale Dickungsmittel (modifizierte Stärke – über die Apotheke zu beziehen), die leicht zu verwenden sind, eignen sich zum schnellen Andicken von warmen und kalten Getränken. Diese Produkte können problemlos in kalte oder warme Getränke eingerührt werden. Je nach Ausprägung der Schluckprobleme lassen sich sirup- oder puddingartige Konsistenzen herstellen. Dafür wird das Pulver einfach mit einer Gabel oder einem Schneebesen in das Getränk gerührt. Nach einer Minute Ruhezeit kann es getrunken werden.

Noch weitere Tipps
- Eine aufrechte Sitzposition mit leicht nach vorn gebeugtem Kopf erleichtert das Schlucken.
- Bereiten Sie den Betroffenen vor, indem Sie ihm die Speisen erklären, ihn daran riechen und – vor allem bei eingeschränkter Wahrnehmung – auch anfassen lassen.
- Mehrere kleine Portionen werden besser akzeptiert als eine große.
- Vor dem Essenreichen soll der Mund leer sein und es muss ausreichend Zeit zum Nachschlucken gegeben werden.
- Eine entspannte Atmosphäre hilft, sich auf den Schluckakt zu konzentrieren. Vermeiden Sie Unterhaltungen oder Ablenkung durch andere Geräusche.
- Eine angemessene Mundpflege nach dem Essen bewirkt, dass keine Reste im Mund verbleiben.
- Der Betroffene soll noch 20 Minuten in aufrechter Position bleiben, damit es nicht zu einem Rückfluss der Nahrung kommt.

Eine Vielzahl von Hilfsmitteln erleichtert das Essen und Trinken und fördert so die Selbstständigkeit bei körperlichen Beeinträchtigungen. Der Nutzen der Hilfsmittel ist immer individuell zu testen. So kann es gut sein, dass Demenzkranke nicht in der Lage sind, Hilfsmittel, die sie nicht kennen, den Mahlzeiten und ihrer Funktion zuzuordnen. Für manche Betroffenen bedeuten sie auch Ausgrenzung. Die Folge ist Scham und Essensverweigerung. Daher empfehlen wir Spezialgeschirr auszuwählen, das so neutral wie möglich gestaltet ist.

Esshilfen

- Sorgen Sie mit rutschfesten Unterlagen für den sicheren Halt von Tellern. Für Spezialgeschirr sind in der Regel passende rutschhemmende Sicherheitsringe erhältlich.
- Besonders praktisch sind Teller, deren Kehle als Schiebekante geformt ist und am Rand wieder nach innen läuft. Werden Speisen gegen diesen Rand geschoben, fallen sie wie von selbst auf Gabel oder Löffel
- Besteckteile sollten besonders griffig und etwas höher im Gewicht sein. Das gibt mehr Sicherheit. Achten Sie darauf, dass die Löffelflächen nicht zu flach und scharfkantig sind. Griffe lassen sich besonders gut greifen, wenn sie rund sind. Unser Foto zeigt ergonomisch geformtes Besteck mit hohem Gewicht und tief gearbeiteten Gabel- und Löffelvorderteilen.

Trinkhilfen

* Mit Trinkhalmen ist Trinken ohne Neigung des Kopfes möglich. Das Risiko des Verschluckens ist gering.
* Kunststoffbecher ersetzen zerbrechliche Gläser (Foto).
* Nasenbecher sind für Personen mit Koordinationsschwierigkeiten im Hals- und Nackenbereich geeignet. Der Ausschnitt für die Nase ermöglicht das Trinken bei geringer Neigung des Kopfes (Foto).
* Trinkbecher mit Sicherheitsfuß stehen kippfest und können nicht verrutschen. Vorteilhaft sind große und weich geformte Henkel, die mit bis zu drei Fingern umgriffen werden können (Foto).
* Im fortgeschrittenen Stadium der Demenz funktioniert oft noch der Saugreflex. Dann ist eine Saugflasche geeignet. Sie minimiert das Risiko des Verschluckens. Außerdem wird durch das Saugen die Muskelkraft des Mundes gestärkt (Foto).
* Der so genannte Coombes-Becher hat einen schalenförmigen Aufsatz mit kleiner Öffnung. Damit kann in kleiner Menge „normal" getrunken werden (Foto).
* Schnabelbecher werden häufig verwendet, sind jedoch eher ungeeignet, da sie den Schluckakt erschweren und keine Kontrolle über Temperatur und einfließende Menge zulassen. Menschen mit Demenz wissen zudem mit der Tülle oft nichts anzufangen.

TISCHKULTUR

Gewohnheiten und Rituale schaffen Orientierung und geben Sicherheit
Das Essen bestimmt den Tagesrhythmus eines jeden Menschen – das
ganze Leben lang. Frühstück, Mittag- und Abendessen teilen den Tag
ein und geben auch einem verwirrten Menschen Orientierung. Daher
kann man die täglichen Mahlzeiten ideal nutzen, um Demenzkranke
durch den Tag zu leiten.

Wie Sie den Appetit und die Vorfreude aufs Essen gezielt fördern können, beschreiben wir im Abschnitt "Sinne gezielt anregen" auf Seite 16.

Wichtig ist aber auch, auf individuelle Essgewohnheiten und Tischsitten
Rücksicht zu nehmen. Denn alles Vertraute wirkt sich stabilisierend auf
Demente aus.

Was im familiären Rahmen eingespielt und selbstverständlich ist, bedeutet für die professionelle ambulante oder stationäre Pflege allerdings
eine besondere Herausforderung:

- Sorgen Sie dafür, dass die Bezugspersonen möglichst wenig wech-
  seln. Die betreuende Person sollte immer auch Mitglied der
  Speiserunde sein und mit den anderen gemeinsam speisen. Als feste
  Bezugsperson zu den Mahlzeiten ist sie in der Orientierungslosigkeit
  eine große Hilfe, da sie unmittelbar mit dem Essen und der geselligen
  Runde in Verbindung gebracht wird.
- Servieren Sie das Essen so, wie es zu Hause auf den Tisch kam – also
  höchstwahrscheinlich nicht vorportioniert, sondern in Schüsseln und
  Schalen.
- Finden Sie heraus, welche Tischrituale der betroffene Mensch gelebt
  hat. Wurden Tischgebete gesprochen, hat man sich die Hände
  gereicht u.s.w. Befragen Sie die Angehörigen dazu.
- Gab es Getränke zu den Mahlzeiten oder wurde die Flüssigkeitszufuhr
  stärker über flüssige Mahlzeiten wie Milch- und Gemüsesuppen oder
  Eintöpfe gedeckt?

Essen in Gemeinschaft

Essen und Trinken geschieht nach dem Lustprinzip am ehesten in einer Umgebung, in der sich die Menschen sicher und wohl fühlen. Eine anregende Atmosphäre und angenehme Gesellschaft fördern die optimale Versorgung. Zusammen mit anderen essen demente Menschen oft mehr als alleine.

Zeit, Gelassenheit und die Akzeptanz von veränderten Tischmanieren tragen dazu bei, dass Essen und Trinken Freude und Genuss bereitet. Wichtiger als das Wie des Essens ist, dass überhaupt gegessen wird.

Ihre Hilfestellung sollte dezent und unauffällig sein. Wie Sie das machen können, dazu einige Tipps:

- Fördern sie die Selbstständigkeit der Betroffenen so lange wie möglich. Menschen mit Demenz fühlen sich oftmals jung und kompetent. Sie sollten aufrecht am Tisch sitzen, um selber agieren zu können. Wenn das Essen in Schüsseln auf den Tisch kommt, kann sich jeder selbst bedienen oder wenigstens mitbestimmen, wie viel er essen möchte.
- In Gesellschaft kann sich der Demenzkranke das Vorgehen beim Essen und Trinken von anderen „abgucken", wenn er selbst nicht weiß, was er tun soll. Reicht das nicht aus, geben Sie ihm einen Impuls, indem Sie ihm Löffel oder Gabel in die Hand geben und den Bewegungsablauf vom Teller zum Mund begleiten, der dann eigenständig weitergeführt werden kann.
- Menschen mit Demenz lassen sich leicht ablenken. Servieren Sie die Speisen deshalb nicht alle gleichzeitig, sondern nacheinander. Dann fällt die Entscheidung für einen Handlungsschritt leichter.
- Beachten Sie auch, dass in Gemeinschaft der Tisch für alle gedeckt wird, auch für die betreuende Person. Andernfalls kann der Eindruck entstehen, dass noch gewartet werden muss, da noch nicht alle etwas haben oder die anderen schon fertig sind. Das kann dazu führen, dass der Demenzkranke mit dem Essen aufhört.
- Beim Anreichen des Essens („Füttern") kann es den dementen Menschen verwirren, wenn der Teller, von dem er essen soll, beim Betreuenden steht.

- Maßnahmen wie die Auswahl der richtigen Trinkgefäße, Trinkrituale zu bestimmten Zeiten und das Trinken in Gesellschaft können zu einer verbesserten Flüssigkeitszufuhr beitragen. Gemeinsames Zuprosten oder das Singen von Trinkliedern sind durchaus geeignete Mittel, um zum Trinken aufzufordern.
- Vermeiden Sie einen hohen Geräuschpegel durch Fernseher, Radio oder anderes. Eine laute Umgebung erschwert die Konzentration. Gute Erfahrungen gibt es dagegen mit beruhigender leiser Musik während der Mahlzeit oder auch mit einem Aquarium im Esszimmer. Beides scheint zu entspannen, zum Verweilen einzuladen und die Bereitschaft zur Nahrungsaufnahme zu steigern.

HINWEISE ZU DEN REZEPTEN

Die Rezepte sind einfach gehalten. Es werden meist nur wenige Zutaten verwendet, zum Teil auch Fertigprodukte, damit die Speisen mit wenig Aufwand – aber trotzdem wirkungsvoll – zubereitet werden können.
In der Regel sind die Rezepte für eine Person beschrieben. Sie können so problemlos für mehrere Personen hochgerechnet werden. Die Speisen lassen sich leicht vom üblichen Speisenangebot ableiten. Damit wird der Mehraufwand gering gehalten. Bei den Garnituren ist weniger oftmals mehr. Damit auch Menschen mit Schluckstörungen ohne Probleme essen können, verzichten wir auf geschnittene Kräuter oder Ähnliches.

Symbole kennzeichnen Rezepte, die bei bestimmten Einschränkungen gut geeignet sind:

   geeignet bei Schluckstörungen

   ohne Besteck essbar (Fingerfood)

Bei der Zubereitung gilt:
- Gewürze möglichst fein gemahlen verwenden.
- Brühe sieben, damit keine Gemüsestücke und Gewürze auf den Teller gelangen.
- Vanillinzucker gemahlener Vanille vorziehen, da die schwarzen Stippen der Vanille irritieren können.
- Bei den Mengenangaben für Obst, Gemüse und Kartoffeln wird – wenn es nicht anders beschrieben ist – von geputzten Zutaten ausgegangen.
- Bei den Fleischgerichten empfiehlt sich aufgrund des Aufwands gleich eine größere Menge herzustellen und diese dann einzufrieren.
- Möglicherweise lässt sich das Fleisch beim Metzger entsprechend vorbereiten.

KÜCHENUTENSILIEN

Folgende Küchenutensilien sind hilfreich:

Zum Abwiegen der Zutaten
- Digitale Waage mit 1-g-Schritten (1)
- Digitale Löffelwaage zum Abwiegen kleinster Mengen,
  z. B. von Agar-Agar (2)

Zum Mixen und Zerkleinern
- Mixer oder Pürierstab mit hoher Leistung (3)
- Haarsieb aus Edelstahl (4) und stabiler Teigschaber (5)

Um pürierte Speisen in Form zu bringen
- Feuerfeste Förmchen (6)
- Kleine Kastenform (7)
- Eiswürfel-Formen

Zum Aufschlagen von kleinen Mengen Ei oder Sahne
- Milch-Aufschäumer (9)

Außerdem
- Braten-Thermometer (8)

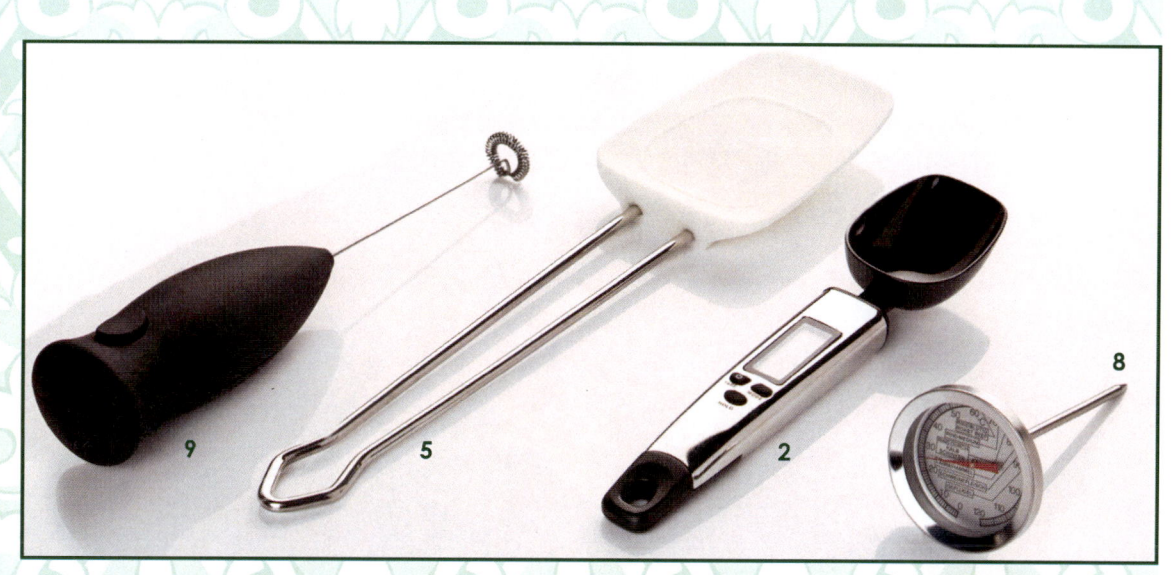

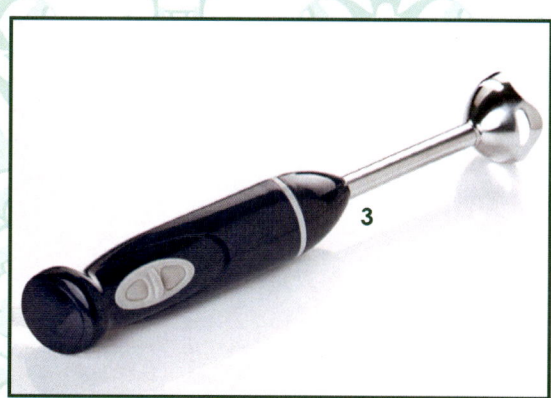

Oft kommt er aus seinem Zimmer, um zu schauen, ob er etwas
tun kann ...
Wenn es unruhig wird, ... verschwindet er wieder. Keine Unruhe,
kein unnötiges Ausgefragtwerden sollen sein Alleinsein stören.
Nur der heißgeliebten Schokolade und dem unvermeidlichen
„Zigarettchen" gewährt er Zugang.

ZWISCHENDURCH UND UNTERWEGS

Kuchen, Snacks & Mixgetränke

Ein Snack oder eine Kleinigkeit zum Naschen zwischendurch, das verlockt auch zwischen den Hauptmahlzeiten zum Essen und zum Trinken. Wenn Menschen mit Demenz bei Tisch nur kleine Mengen essen, sollten Sie regelmäßig Zwischenmahlzeiten anbieten.

Wir empfehlen verschiedene kleine Gerichte, die einfach und ohne Besteck zu essen sind, pikante und süße Mix-Getränke und leckeres Gebäck.

Gut geeignet sind auch belegte Brote oder Brötchen, geschnittenes Obst, Salate aus gekochtem Gemüse sowie Senfgurken oder Rote Bete. Dies alles lässt sich ohne großen Aufwand zubereiten.

Um eine ausreichende Getränkeversorgung zu gewährleisten, bieten Sie zwischendurch auch immer wieder Getränke an bzw. stellen Sie sie zur Selbstbedienung hin. Zusammen mit den Zwischenmahlzeiten können sie an markanten Punkten, die der Betroffene immer wieder passiert, platziert werden.

FIRSICHSCHNITTE

2 Blatt	Gelatine
80 ml	Pfirsichsaft
40 g	Pfirsiche aus der Dose
10 ml	Zitronensaft
5 g	Puderzucker

Für 1 Person
Ca. 15 Min. Zubereitungszeit
und 120 Min. Kühlzeit
Pro Portion 110 kcal,
5 g EW, 0 g F, 22 g KH

1 Gelatine mit kaltem Wasser bedeckt einweichen. Gelatine ausdrücken und mit Pfirsichsaft in einem Topf bei mittlerer Hitze auflösen, nicht aufkochen lassen.

2 Pfirsich mit einem Pürierstab in einer Schüssel pürieren. Den Gelatine-Mix unterrühren. Mit Zitrone und Puderzucker abschmecken.

3 Die Masse durch ein Haarsieb in eine Schüssel passieren und in eine kleine, mit Wasser ausgespülte Kastenform schütten. Im Kühlschrank ca. 2 Stunden erkalten lassen.

4 Danach den Inhalt der Form auf ein Brett stürzen und längs in Streifen schneiden. Hierzu vorher die Klinge des Messers in heißes Wasser tauchen und abtrocknen.

RIESSSCHNITTEN

110 ml	Vollmilch
15 g	Zucker
1 Prise	Zimt
1 Prise	Vanillinzucker
25 g	Vollkorngrieß
	Öl zum Fetten einer kleinen
	Kastenform

Für 1 Person
Ca. 15 Min. Zubereitungszeit
und 60 Min. Kühlzeit
Pro Portion 240 kcal,
6 g EW, 7 g F, 39 g KH

1 Die Form fetten.

2 In einem Topf Milch aufkochen. Inzwischen Zucker mit Zimt und Vanillinzucker mischen. Die Mischung in die Milch rühren. Grieß hinzufügen und ca. 2 Min. kochen.

3 Die Masse in die Form geben und 1 Stunde erkalten lassen. Falls nötig, die Ränder der Form erwärmen und die Schnitte lösen. Die Grießschnitten auf ein Brett stürzen und längs in Streifen schneiden.

Variante:
Die Grießschnitten in Butter hellbraun braten.
Für pikante Grießschnitten anstelle von Zucker und Zimt eine Prise Salz nehmen und mit Curry oder Paprika edelsüß abschmecken.

KLEINE HAPPEN FÜR ZWISCHENDURCH

Mit Grieß, Stärke, Agar-Agar oder Gelatine lassen sich kleine Naschereien herstellen, die gut zu fassen und einfach zu schlucken sind. Die bunten Farben motivieren zum Zugreifen.

MÜSLI-SNACK MIT MARZIPAN

10 g	Schmelzflocken
40 ml	Vollmilch
2 Blatt	Gelatine
30 g	Äpfel
30 g	Sahnejoghurt
5 g	Marzipanrohmasse
10 ml	Sahne
20 g	Zucker

Für 1 Person
Ca. 20 Min. Zubereitungszeit
und ca. 120 Min. Kühlzeit
Pro Portion 265 kcal,
9 g EW, 10 g F, 35 g KH

1 Schmelzflocken in einer Schüssel mit Milch verrühren und quellen lassen.

2 Gelatine in einer Schüssel mit kaltem Wasser bedeckt einweichen.

3 Apfel fein reiben und mit Joghurt sowie Marzipan unter die Haferflocken rühren. Das Müsli mit einem Mixstab pürieren.

4 Sahne und Zucker mit einem elektrischen Milchschäumer steif schlagen.

5 Gelatine abschütten, ausdrücken und im Wasserbad auflösen. Unter die Masse rühren, Sahne unterheben und alles in eine rechteckige Form füllen.

6 Im Kühlschrank ca. 2 Stunden stocken lassen.

PIKANTE GRÜNKERNSCHNITTEN

100 ml	Karottensaft
50 g	Grünkernmehl, fein gemahlen (Reformhaus)
1 Prise	Currypulver
1 Prise	Zucker
	Salz und Pfeffer
	Öl zum Fetten einer kleinen Kastenform

Für 1 Person
Ca. 15 Min. Zubereitungszeit
und 30 Min. Kühlzeit
Pro Portion 210 kcal,
6 g EW, 5 g F, 36 g KH

1 In einem Topf den Karottensaft aufkochen. Grünkern mit Curry, Zucker, Salz und Pfeffer in die Brühe rühren, dann ca. 2 Min. kochen.

2 Die Masse in eine gefettete kleine Kastenform streichen und erkalten lassen. Den Grünkern auf ein Brett stürzen und längs in Streifen schneiden.

Variante:
Die Grünkernschnitten in Butter hellbraun braten. Anstelle von Salz und Pfeffer Zucker, eine Prise Zimt und Vanillinzucker verwenden.

MÖHREN-ORANGEN-ECKEN

2 Blatt	Gelatine
40 g	Möhre, gekocht
80 ml	Orangensaft
15 g	Puderzucker
1	Spritzer Zitronensaft
	Salz

Für 1 Person
Ca. 10 Min. Zubereitungszeit
und 120 Min. Kühlzeit
Pro Portion 120 kcal,
6 g EW, 0 g F, 24 g KH

1 Gelatine in einer Schüssel mit kaltem Wasser bedeckt einweichen.

2 Möhren mit Orangensaft, Puderzucker, Zitronensaft und Salz in einer hohen Schüssel mit einem Mixstab pürieren. Danach durch ein Haarsieb streichen.

3 Gelatine abschütten, ausdrücken und im Wasserbad auflösen. Gelatine in die Mischung rühren.

4 Eine viereckige Form mit Wasser ausspülen. Den Mix in die Form gießen und abgedeckt ca. 2 Stunden im Kühlschrank stocken lassen.

5 Die Form kurz in heißes Wasser tauchen und den Inhalt der Form auf ein Brett stürzen, längs in Streifen schneiden. Hierzu vorher die Klinge des Messers in heißes Wasser tauchen und abtrocknen.

Variante:
Statt Möhre und Orangensaft 40 g gekochte Rote Bete und 80 ml Rote-Bete-Saft verwenden.

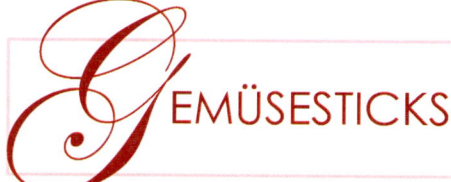

EMÜSESTICKS

150 ml	Gemüsesaft, Geschmacksrichtung beliebig
2 g	Agar-Agar
1 Prise	Zucker
	Salz und Pfeffer

Für 1 Person
Ca. 15 Min. Zubereitungszeit
und 60 Min. Kühlzeit
Pro Portion 30 kcal,
2 g EW, 0 g F, 4 g KH

1 100 ml Saft in eine Schüssel geben.

2 In einem Topf 50 ml Saft aufkochen, Agar-Agar einrühren, erneut aufkochen und in die Schüssel einrühren. Mit einer Prise Zucker, Salz und Pfeffer abschmecken.

3 Die Masse in eine kleine Kastenform einfüllen und abgedeckt im Kühlschrank ca. 1 Stunde stocken lassen.

4 Herausnehmen, auf ein Brett stürzen und in Streifen schneiden.

MUFFINS MIT MÖHREN

75 g	Möhren
50 g	Weizenvollkornmehl
30 g	gemahlene Haselnüsse
1/2 TL	Backpulver
1 Prise	Natronpulver
1	Ei
50 g	brauner Zucker
1 TL	Vanillinzucker
1/4 TL	Zimt
1 Prise	Muskat
40 g	weiche Butter
75 g	Vollmilchjoghurt
18–20	kleine Papier-Backförmchen oder eine Form für kleine Muffins

Für ca. 18–20 kleine Muffins
Ca. 30 Min. Zubereitungszeit und
ca. 20–25 Min. Backzeit
Pro Stück 60 kcal,
1 g EW, 4 g F, 5 g KH

1 Möhren in feine Scheiben schneiden und in einem Topf mit leicht gesalzenem Wasser bedeckt ca. 15 Min. weich kochen.

2 In der Zwischenzeit den Backofen auf 180 °C (Umluft 160 °C) vorheizen. Die Muffinform einfetten.

3 Möhren abschütten und mit einer Gabel zerdrücken.

4 In einer Schüssel Mehl mit gemahlenen Haselnüssen, Backpulver und Natron mischen.

5 Ei, braunen Zucker, Vanillinzucker, Zimt und Muskat mit einem Handrührgerät schaumig rühren. Butter und Joghurt unterziehen. Möhren vorsichtig unterheben, Mehlmischung unterziehen und die Masse in die Formen geben.

6 Auf mittlerer Schiene ca. 20–25 Min. backen. Die Muffins sind gar, wenn nach dem Einstechen der Muffins mit einem Zahnstocher dieser beim Herausziehen trocken bleibt. Die Muffins warm aus den Formen nehmen.

Variante:

Muffins mit Apfelkompott: Anstelle von gemahlenen Haselnüssen 20 g feine Haferflocken unterrühren und den Muskat weglassen. 75 g saure Sahne statt des Joghurts und 100 g Apfelkompott anstelle der Möhren verwenden.

LECKER UND GESUND

Nüsse und Vollkornmehl sind gesund – fein gemahlen auch leicht zu essen. Die kleinen Muffins sind prima Fingerfood und lassen sich vielseitig variieren. Der Käsekuchen ohne Boden macht keine Probleme beim Schlucken.

KÄSEKUCHEN OHNE BODEN

500 g	Sahnequark
1	Ei
100 g	Zucker
1 TL	Vanillinzucker
1 Prise	Salz
2 EL	Speisestärke
20 ml	Sahne
1 TL	Zitronensaft
	Rapsöl oder Butter für eine
	Springform 18 cm Durchmesser

Für 6 Personen
Ca. 10 Min. Zubereitungszeit
und ca. 40 Min. Backzeit
Pro Portion 255 kcal,
9 g EW, 14 g F, 23 g KH

1 Den Backofen auf 180 °C vorheizen.

2 Alle Zutaten in einer Rührschüssel zu einer glatten Masse verrühren.

3 Eine Springform fetten. Die Masse in die Form füllen und auf der mittleren Ebene im Ofen ca. 40 Min. bei 160 °C backen.

Variante:
Eingeweichte Rosinen, Backpflaumen oder getrocknete Aprikosen pürieren, durch ein Haarsieb streichen und unter die glatte Masse ziehen.

AFFELN

40 g	Weizenmehl Type 405
15 g	Weizenvollkornmehl
10 g	Stärke
1/2 TL	Backpulver
20 g	Zucker
1 Prise	Vanillinzucker
1 Prise	Salz
20 g	weiche Butter
1	Eigelb
80 ml	Vollmilch
	Rapsöl zum Backen

Für 1 Person
Ergibt 2–3 Waffeln
Ca. 25 Min. Zubereitungszeit
Pro Portion 605 kcal,
12 g EW, 30 g F, 71 g KH

1 Mehl, Vollkornmehl, Stärke und Backpulver in eine Rührschüssel sieben. Zucker, Vanillinzucker und Salz dazugeben, mischen.

2 Butter, Eigelb und Milch hinzufügen und mit einem Handrührgerät cremig schlagen. Erst langsam, damit sich die Zutaten verbinden können, dann auf höchster Stufe cremig schlagen.

3 Waffeleisen anstellen, mit einem Fettpinsel einfetten und 2–3 EL Teig einfüllen. Die Waffeln ca. 2–5 Min. je nach Bräunungsgrad backen.

Dazu passen auch heiße Kirschen, Schlagsahne, Puderzucker – wenn keine Schluckstörungen vorliegen.

Variante:
Zitronenwaffeln herstellen. Dafür Zitronenschale von 1/2 Zitrone auf der Reibe reiben und als Aroma in den Teig geben.
Herzhafte Waffeln zubereiten. Dafür püriertes Gemüse (z. B. Möhren) in den Teig geben, den Zuckeranteil auf 1/2 TL reduzieren, Vanillinzucker weglassen, mit einer Prise Muskat, Salz und eventuell Pfeffer abschmecken.

URKEN-SHAKE

50 g	Salatgurken, ohne Schale und Kerne
100 ml	Vollmilch
20 g	Vollmilchjoghurt
40 g	Sahnequark
1/2 TL	Zucker
1 TL	Zitronensaft
	Salz und Pfeffer

Für 1 Person

Ca. 10 Min. Zubereitungszeit
Pro Portion 170 kcal,
8 g EW, 10 g F, 12 g KH

1 In einem Mixer Gurken, Milch, Joghurt, Quark, Zucker und Zitronensaft pürieren.

2 Mit etwas Salz und Pfeffer abschmecken, dann durch ein Haarsieb in eine Schüssel streichen. Den Shake in ein Trinkgefäß füllen.

IRSCH-MANDEL-MILCH

60 g	Sauerkirschen aus dem Glas
20 g	Marzipan-Rohmasse
110 ml	Vollmilch
1 TL	Zitronensaft
10 g	Vanilleeis

Für 1 Person

Ca. 10 Min. Zubereitungszeit
Pro Portion 265 kcal,
8 g EW, 13 g F, 28 g KH

1 Sauerkirschen abschütten und in einen Mixer geben. Zusammen mit Marzipan, Vollmilch, Zitronensaft und Vanilleeis pürieren.

2 Den Mix durch ein Haarsieb streichen und in ein Trinkgefäß füllen.

TEE-DRINK MIT ERDBEEREN

120 ml	Früchtetee, gekühlt (2 Beutel auf eine Tasse)
65 g	Erdbeeren, tiefgekühlt (auftauen lassen) oder frisch
20 g	Zucker
20 ml	Sahne

Für 1 Person

Ca. 10 Min. Zubereitungszeit
Pro Portion 160 kcal,
1 g EW, 6 g F, 24 g KH

1 Den Früchtetee zubereiten und abkühlen lassen.

2 Erdbeeren, Zucker, Tee und Sahne mit einem Pürierstab pürieren. Alles durch ein Haarsieb streichen und in ein Trinkgefäß umfüllen.

Variante:

Die Sahne schlagen und gleichmäßig unterrühren. Süße Kirschen oder Himbeeren anstelle von Erdbeeren verwenden.

KIRSCH-BANANEN-COCKTAIL

60 ml	Sauerkirschnektar
120 ml	Bananennektar
20 g	Banane
2 ml	Zitronensaft

Für 1 Person

Ca. 10 Min. Zubereitungszeit
Pro Portion 120 kcal,
1 g EW, 0 g F, 29 g KH

1 Kirschnektar, Bananennektar, Banane und Zitronensaft in einen Mixer geben und pürieren.

2 Danach durch ein Sieb in eine Schüssel streichen und in ein Trinkgefäß füllen. Gekühlt servieren.

GEMÜSECOCKTAIL

30 g	Paprika, rot, aus dem Glas, ohne Saft
90 ml	Tomatensaft, gekühlt
1 TL	Zucker
1/2 TL	Zitronensaft
1 Prise	Salz
80 ml	Möhrensaft

Für 1 Person
Ca. 10 Min. Zubereitungszeit
Pro Portion 60 kcal,
2 g EW, 0 g F, 12 g KH

1 Paprika mit Tomatensaft, Zucker, Zitronensaft und Salz pürieren. Danach durch ein Haarsieb in eine Schüssel streichen, in ein Glas füllen.

2 Den Möhrensaft durch ein Haarsieb schütten und vorsichtig in den Tomaten-Paprika-Saft gießen.

PFIRSICHMILCH MIT SCHMELZFLOCKEN

55 g	Pfirsiche aus der Dose, ohne Saft
3 g	Schmelzflocken
10 g	Zucker
2 ml	Zitronensaft
50 g	Vollmilchjoghurt
80 ml	Vollmilch

Für 1 Person
Ca. 10 Min. Zubereitungszeit
Pro Portion 180 kcal,
5 g EW, 5 g F, 28 g KH

1 Alle Zutaten in einen Mixer geben und pürieren.

2 Anschließend durch ein Haarsieb streichen. Sofort servieren.

TRINKEN, TRINKEN, TRINKEN …

Intensive Farben und kräftiger Geschmack verlocken zum Trinken.
Diese Getränke sind dickflüssig. So lassen sie sich gut schlucken.

Es war endlich die Gelegenheit gekommen, da er in aller Stille, scheinbar unbeobachtet und ungeniert, den Finger in den Suppentopf stecken konnte, um genüsslichst zu schlecken.

ALLES AUS EINEM TOPF

Suppen und Eintöpfe

Viele alte Menschen lieben Suppen und Eintöpfe. Die darin enthaltenen Stücke und unterschiedlichen Konsistenzen können jedoch vom Essen ablenken und sind bei Schluckstörungen problematisch.

Bei den folgenden Rezepten werden alle Zutaten püriert. So können die Suppen und Eintöpfe bei Bedarf auch aus einer Tasse getrunken werden. Auf Wunsch werden sie dafür einfach dünner zubereitet. Geben Sie Fleisch oder Wurst in Stücke geschnitten separat dazu. Bei Schluckproblemen ist Mettwurst ungeeignet. Von Bockwurst entfernen Sie bitte die Haut. Bei entsprechender Konsistenz und Temperatur der Suppe eignet sich auch ein dicker Strohhalm zum Trinken.

Natürlich lassen sich ebenso fertige Eintopfgerichte mit einem Pürierstab und Haarsieb entsprechend zubereiten.

MÖHRENSUPPE MIT ORANGEN

50 g	Möhren
5 g	Zwiebeln
125 ml	Gemüsebrühe, gesiebt
25 ml	Orangensaft, ohne Stücke
	Salz und Pfeffer
1 Prise	Zucker

Für 1 Person

Ca. 25 Min. Zubereitungszeit
Pro Portion 30 kcal,
2 g EW, 0 g F, 5 g KH

1. Gemüse in kleine Würfel schneiden.
2. Gemüsebrühe in einem Topf aufkochen. Orangensaft, Möhren und Zwiebeln hinzugeben und ca. 15 Min. kochen.
3. Die Suppe mit einem Mixstab pürieren, mit Salz, Pfeffer und Zucker abschmecken.

TOMATENSUPPE MIT SAHNE

20 g	Zwiebeln
15 g	Kartoffeln
1 TL	Rapsöl
100 ml	passierte Tomaten
50 ml	Gemüsebrühe, gesiebt
1	Lorbeerblatt
1	kleiner Zweig Oregano
1 Prise	Paprikapulver, edelsüß
	Salz und Pfeffer
15 ml	Sahne
1 Prise	Zucker

Für 1 Person

Ca. 30 Min. Zubereitungszeit
Pro Portion 170 kcal,
6 g EW, 9 g F, 17 g KH

1. Gemüse in kleine Würfel schneiden.
2. In einem Topf Öl bei mittlerer Hitze heiß werden lassen.
3. Zwiebeln und Kartoffeln darin ca. 3 Min. glasig anschwitzen. Die passierten Tomaten, Gemüsebrühe, Lorbeerblatt, Oregano, Paprika, etwas Salz und Pfeffer hinzugeben und ca. 15 Min. kochen.
4. Lorbeerblatt und Oregano entnehmen. Die Suppe pürieren, Sahne hinzufügen und mit Salz, Pfeffer sowie Zucker abschmecken.

ERSTMAL EIN SÜPPCHEN …

Schlicht und einfach oder exotisch raffiniert: Als Starter sind Suppen beliebt und zu jeder Jahreszeit geeignet.

Besonders vorteilhaft für die Versorgung alter Menschen: Suppen kann man auch als Getränk servieren. Sie eignen sich hervorragend, um die erforderliche Trinkmenge zu erreichen.

LAUCHCREMESUPPE

50 g	Lauch
25 g	Kartoffeln
150 ml	Gemüsebrühe, gesiebt
1	kleiner Stängel Petersilie
	Salz und Pfeffer
15 ml	Sahne
1 Prise	Zucker

Für 1 Person
Ca. 35 Min. Zubereitungszeit
Pro Portion 80 kcal,
3 g EW, 5 g F, 6 g KH

1 Lauch in kleine Ringe und Kartoffeln in kleine Würfel schneiden

2 Gemüsebrühe in einem Topf aufkochen. Lauch, Kartoffeln, Petersilie und etwas Salz und Pfeffer hinzugeben, dann ca. 20 Min. kochen.

3 Petersilie entnehmen. Die Suppe pürieren, Sahne zugeben und mit Salz, Pfeffer sowie Zucker abschmecken.

GERÖSTETE GRIEßSUPPE

20 g	Zwiebeln
20 g	Karotten
20 g	Sellerie
1 TL	Rapsöl
8 g	Vollkorngrieß
150 ml	Gemüsebrühe, gesiebt
1	Lorbeerblatt
1	kleiner Zweig Majoran
	Salz und Pfeffer
1 Prise	Zucker
1 Prise	Muskat

Für 1 Person
Ca. 35 Min. Zubereitungszeit
Pro Portion 80 kcal,
3 g EW, 5 g F, 8 g KH

1 Gemüse in kleine Würfel schneiden.

2 In einem Topf Öl bei mittlerer Hitze heiß werden lassen. Grieß darin hellgelb anrösten.

3 Gemüsebrühe hineinrühren. Zwiebeln, Karotten, Sellerie, Lorbeerblatt, Majoran und etwas Salz hinzugeben und ca. 15 Min. unter Rühren kochen.

4 Lorbeerblatt und Majoran entnehmen. Die Suppe mit einem Mixstab pürieren, mit Salz, Pfeffer, Zucker und Muskat abschmecken.

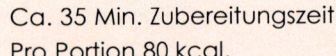

ZWIEBELSUPPE

70 g	Zwiebeln
25 g	Kartoffeln
150 ml	Gemüsebrühe, gesiebt
1 EL	Weißwein
1	kleiner Zweig Thymian
1	Lorbeerblatt
	Salz und Pfeffer
1 Prise	Zucker

Für 1 Person
Ca. 30 Min. Zubereitungszeit
Pro Portion 50 kcal,
2 g EW, 1 g F, 8 g KH

1 Zwiebeln und Kartoffeln in kleine Würfel schneiden.

2 Gemüsebrühe in einem Topf aufkochen. Zwiebeln, Kartoffeln, Weißwein, Thymian und Lorbeerblatt hinzugeben und ca. 20 Min. kochen.

3 Lorbeerblatt und Thymian entnehmen. Die Suppe pürieren, mit Salz, Pfeffer und Zucker abschmecken.

Variante:
Zum Schluss etwas Sahne unterrühren.

GEFLÜGELCREMESUPPE MIT CURRY

20 g	Zwiebeln
35 g	Kartoffeln
150 ml	kräftige Geflügelbrühe, gesiebt
1	Lorbeerblatt
1	kleiner Zweig Majoran
5 g	Sahne
1 Prise	Currypulver
	Salz und Pfeffer
1/2 TL	Zucker

Für 1 Person
Ca. 30 Min. Zubereitungszeit
Pro Portion 60 kcal,
2 g EW, 2 g F, 10 g KH

1 Gemüse in kleine Würfel schneiden.

2 Geflügelbrühe in einem Topf aufkochen. Zwiebeln, Kartoffeln, Lorbeerblatt, Majoran und etwas Salz und Pfeffer hinzugeben und ca. 20 Min. kochen.

3 Lorbeerblatt und Majoran entnehmen. Die Suppe mit Sahne pürieren. Abschmecken mit Curry, Salz, Pfeffer und Zucker.

ERBSENEINTOPF

50 g	Erbsen, getrocknet, geschält
300 ml	Wasser
50 g	Speckschwarte
60 g	Kartoffeln
20 g	Karotten
20 g	Lauch
20 g	Knollensellerie
1	Zweig Majoran
	Salz und Pfeffer
2	Prisen Zucker
1/2 TL	mittelscharfer oder süßer Senf

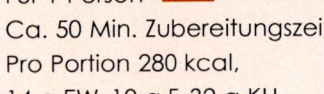

Für 1 Person
Ca. 50 Min. Zubereitungszeit
Pro Portion 280 kcal,
14 g EW, 10 g F, 32 g KH

1 Erbsen über Nacht in reichlich Wasser einweichen.

2 Erbsen abschütten und abspülen. In einem Topf Wasser mit Erbsen, Speckschwarte und etwas Salz ca. 15 Min. kochen.

3 Inzwischen Kartoffeln, Karotten, Lauch und Sellerie in kleinste Würfel schneiden und mit Majoran dazugeben, weitere ca. 15 Min. kochen.

4 Speckschwarte und Majoran entnehmen. Den Eintopf mit einem Mixstab pürieren. Mit Salz, Pfeffer, Zucker und Senf abschmecken.

5 Den Eintopf durch ein Haarsieb streichen. In einem angewärmten tiefen Teller servieren.

Dazu passen Bockwurst oder Mettwurst. Bei Schluckproblemen ist Mettwurst ungeeignet. Von der Bockwurst sollte die Haut entfernt werden.

EINTÖPFE – DEFTIG UND BELIEBT

Erbsensuppe gehört in zahlreichen Ländern zu den traditionellen Gerichten, wobei sich die Zubereitungsarten nur geringfügig unterscheiden. Je nach Rezept wird die Suppe mit Kräutern wie Majoran und Thymian gewürzt, mit Speck, Pökelfleisch wie Kasseler oder Würstchen angereichert und mit Kartoffeln, Zwiebeln und anderem Suppengemüse ergänzt. Sie kann hier – durch ein Sieb gestrichen – auch aus einer Tasse getrunken werden. Die Wurst lässt sich dazu einfach „aus der Hand" essen.

INSENEINTOPF

50 g	Linsen, getrocknet, geschält
300 ml	Wasser
60 g	Kartoffeln
20 g	Karotten
20 g	Lauch
1	kleine Zwiebel
1	kleines Lorbeerblatt
1	Nelke
1	kleiner Stängel Petersilie
	Salz und Pfeffer
2 Prisen	Zucker
1 TL	weißer Balsamicoessig

Für 1 Person

Ca. 45 Min. Zubereitungszeit
Pro Portion 200 kcal,
14 g EW, 1 g F, 35 g KH

1 Linsen über Nacht in reichlich Wasser einweichen.

2 Wasser mit etwas Salz in einem Topf aufkochen.

3 Inzwischen Kartoffeln und Karotten in kleinste Würfel und Lauch in kleinste Ringe schneiden. Zwiebel mit Lorbeerblatt und Nelke spicken.

4 Kartoffeln und Gemüse zusammen mit gespickter Zwiebel ca. 10 Min. kochen. Linsen und Petersilie hinzugeben und ca. 10 Min. weiter kochen.

5 Gespickte Zwiebel und Petersilie entnehmen. Den Eintopf mit einem Mixstab pürieren. Mit Salz, Pfeffer, Zucker und Balsamicoessig abschmecken.

6 Den Eintopf durch ein Haarsieb streichen. In einem angewärmten tiefen Teller servieren.

Dazu passen Bockwurst oder Mettwurst. Bei Schluckproblemen ist Mettwurst ungeeignet. Von der Bockwurst sollte die Haut entfernt werden.

KARTOFFELSUPPE MIT WÜRSTCHEN

150 g	Kartoffeln
20 g	Zwiebeln
20 g	Karotten
20 g	Sellerie
250 ml	Gemüsebrühe, gesiebt
1	Lorbeerblatt
1 Zweig	Majoran
1 Prise	Muskat
	Salz und Pfeffer
	Zucker
20 g	Schmand
1 Stück	Bockwürstchen in zarter Eigenhaut

Für 1 Person
Ca. 45 Min. Zubereitungszeit
Pro Portion 465 kcal,
21 g EW, 31 g F, 26 g KH

1 Kartoffeln, Zwiebeln, Karotten und Sellerie in kleinste Würfel schneiden.

2 Gemüsebrühe in einem Topf aufkochen. Kartoffeln, das Gemüse, Lorbeerblatt, Majoran und etwas Salz hinzugeben, ca. 25 Min. kochen.

3 Lorbeerblatt und Majoran entnehmen. Die Suppe mit einem Mixstab pürieren. Abschmecken mit Muskat, Salz, Pfeffer und einer Prise Zucker.

4 Schmand in die Suppe rühren. Das Würstchen warm oder kalt dazureichen.

Bei Schluckproblemen sollte Bockwurst ohne Haut gereicht werden.

Sie überraschte uns immer wieder mit ihrer genauen Beobachtungsgabe, sah sehr wohl, wenn ihre Schüssel mit Pudding nicht so voll war wie die der Kinder, jemand anderes die Scheibe Brot angefasst hatte, die sie gerne nehmen wollte.

PIKANTE KLASSIKER

Fisch, Fleisch und Beilagen

Fleisch, Fisch, Gemüse, Kartoffeln etc. sind Bestandteile einer Mahlzeit. Sie lassen sich beliebig kombinieren. Deshalb stellen wir Ihnen in diesem Kapitel keine vollständigen Menüs vor, sondern Rezepte für die einzelnen Komponenten. So können Sie die Mahlzeiten ganz nach Geschmack und Vorlieben zusammenstellen.

In den Vordergrund stellen wir dabei Zubereitungsarten wie pürierte Speisen, die appetitlich in Form gebracht werden, oder Gerichte, die ohne Besteck gegessen werden können.

Ohne Besteck lassen sich – neben den hier beschriebenen Speisen – auch kleine Frikadellen, Würstchen (evtl. ohne Haut), Fleischkäse, Gemüse in Stücken, kleine Kartoffeln oder große Nudeln ohne Schwierigkeiten mit den Fingern essen.

Pikante Menüs mit süßlichen Noten essen Menschen mit Demenz oft sehr gerne. Darauf haben wir bei der Rezeptauswahl Rücksicht genommen. Die Kombination "herzhaft und süß" ist gar nicht so ungewöhnlich. Die regionalen Küchen dieser Welt kennen viele Beispiele wie Sauerbraten mit Rosinensoße, Schweinefleisch süß-sauer oder Putenfleisch mit Schokoladensoße.

HERINGSSTIPP-MOUSSE

30 ml	Sahne
1 Prise	Zucker
2 Blatt	Gelatine
1	Doppelfilet Matjes oder 1 Hering nach Matjesart in Öl, beides ohne Haut und Gräten (ca. 100 g)
25 g	Vollmilchjoghurt
25 g	Mayonnaise
10 g	geriebene Äpfel
10 g	geriebene Zwiebeln
10 g	geriebene Essiggurken
	Salz und Pfeffer

Für 1 Person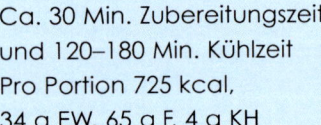

Ca. 30 Min. Zubereitungszeit
und 120–180 Min. Kühlzeit
Pro Portion 725 kcal,
34 g EW, 65 g F, 4 g KH

1 Sahne und Zucker in einer Schüssel mit einem Handrührgerät steif schlagen, kaltstellen.

2 Gelatine in einer Schüssel mit kaltem Wasser bedeckt einweichen.

3 Hering mit Joghurt, Mayonnaise, Äpfeln, Zwiebeln, Essiggurken und etwas Pfeffer in einer Schüssel mit einem Mixstab pürieren. Mit Salz abschmecken.

4 Gelatine abschütten, ausdrücken und im Wasserbad auflösen. Unter die Masse rühren. Sahne unterheben und das Ganze in eine kleine Schüssel oder in Förmchen füllen und 2–3 Stunden im Kühlschrank kalt stellen.

5 Die Mousse mit in heißes Wasser getunkten Esslöffeln zu Nocken formen bzw. die Förmchen stürzen oder die Mousse mit einem Spritzbeutel auf den Teller portionieren.

Dazu passen Kartoffeln und ein Glas Wein oder Bier.

HERINGSSTIPP – EIN BELIEBTER KLASSIKER

Püriert und ansprechend in Form gebracht lenken hier keine Stücke vom Essen ab und das leckere Gericht lässt sich einfach schlucken. Wenn es schnell gehen soll, einfach 200 g fertigen Heringsstipp verwenden.

EELACHSKLÖßCHEN

30 ml	Sahne
1 Prise	Zucker
80 g	Seelachsfilet ohne Gräten und Haut
1	Zweig Dill
1 EL	Schmand
1/2 l	Gemüsebrühe oder Fischbrühe, gesiebt
	Salz und Pfeffer

Für 1 Person
Ca. 45 Min. Zubereitungszeit
Pro Portion 185 kcal,
16 g EW, 13 g F, 2 g KH

1 In einer Schüssel Sahne und Zucker steif schlagen, im Kühlschrank kalt stellen.

2 Seelachsfilet und Dill unter Wasser abspülen, trocken tupfen. Das Filet längs in dünne Streifen und quer in kleinste Würfel schneiden. Fischfleisch, Dill und Schmand in einer Schüssel mit einem Mixstab fein pürieren.

3 In einem Topf Brühe heiß werden lassen, nicht kochen.

4 Die Sahne unter die Fischmasse ziehen und zu einer glatten Masse verrühren. Mit Salz und Pfeffer abschmecken.

5 Die Brühe einmal aufkochen und dann wallen lassen. Mit zwei in Wasser getauchten Teelöffeln Nocken von der Masse abstechen und in die Brühe gleiten lassen. Ca. 7–8 Min. gar ziehen lassen.

Dazu passen Spinat oder Karottenpüree sowie Kartoffelpüree und Weißweinsoße oder Holländische Soße.

Variante:
Zusätzlich nach dem Zugeben der Sahne ein 1/2 leicht steif geschlagenes Eiweiß unterheben, dadurch wird die Masse noch lockerer.
Anstelle von Seelachs Lachs, Lachsforelle, Seeteufel oder Steinbutt verwenden.

FISCHERS FRITZ FISCHT FRISCHEN FISCH ...

Zweimal die Woche frischen Fisch auf den Tisch – das ist gesund und
lecker. Auch Senioren lieben Fischgerichte, wenn sie so einfallsreich
und mundgerecht ohne Gräten zubereitet werden wie in unseren
Rezepten.

FISCHFILET IN BIERTEIG

150 g   Seelachsfilet ohne Gräten
         und Haut
         Salz und Pfeffer

Für Bierteig:
25 g   Weizenmehl Type 405
20 ml   Bier
1/2   Eigelb
1 Prise   Salz
1 Prise   Zucker
1/2   Eiweiß
          Öl zum Ausbacken

Für 1 Person
Ca. 25 Min. Zubereitungszeit
Pro Portion 225 kcal,
7 g EW, 14 g F, 19 g KH

1 Seelachsfilet unter Wasser abspülen und trocken tupfen, salzen und pfeffern. Das Filet auf einen Teller legen und abgedeckt kühl stellen.

2 In einer Schüssel Mehl mit Bier, Eigelb, Salz und Zucker glatt rühren. Beiseite stellen und kurz quellen lassen.

3 Eiweiß schlagen, bis eine cremige, aber noch nicht steife Konsistenz entsteht. Den Schaum unter die Masse heben.

4 Öl in einer tiefen Pfanne erhitzen. Seelachsfilet nochmals abtupfen, in Stücke schneiden, in den Teig legen, wenden und im heißen Öl ausbacken, bis es eine goldgelbe Farbe hat. Dabei mit einer Gabel einmal wenden. Je trockener der Fisch getupft wird, desto besser hält der Teig.

Dazu passen Kartoffelsalat oder Gurkensalat.
Variante:
Anstelle von Fischfilet kann der Teig auch für gekochtes Gemüse zum Ausbacken verwendet werden.

EIN MUSTERBEISPIEL FÜR FINGERFOOD

Hier ist es Fischfilet in Bierteig, aber auch Fleisch und Gemüse können so zubereitet werden.

Essen ohne Besteck ist für viele Senioren die ideale Lösung, um ein Stück Selbstständigkeit zu bewahren. Der Fantasie sind hier keine Grenzen gesetzt. Lassen Sie sich von unseren Rezepten anregen.

ḦÄHNCHEN-TIMBALE

70 g	Hähnchenbrustfilet
1 Prise	Paprikapulver, edelsüß
	Salz und Pfeffer
2 ml	Rapsöl
30 ml	Hühnerbrühe, gesiebt
15 ml	Vollmilch
3 g	Speisestärke
1/2	Ei
	Öl zum Fetten einer Form

Für 1 Person

Ca. 40 Min. Zubereitungszeit
Pro Portion 200 kcal,
20 g EW, 12 g F, 4 g KH

1 Den Ofen auf 160 °C (Umluft 150 °C) vorheizen.

2 Fleisch in kleinste Würfel schneiden, mit Paprikapulver, Salz und Pfeffer würzen. Öl in einer beschichteten Pfanne erhitzen und das Fleisch darin ca. 3 Min. garen. Brühe angießen, umrühren, aufkochen lassen und vom Herd ziehen.

3 Milch mit Stärke und Ei verquirlen. Alles mit Fleisch und Brühe mit einem Mixstab pürieren und durch ein Haarsieb streichen. Abschmecken mit Salz und Pfeffer.

4 Ein feuerfestes Förmchen mit Öl einpinseln und die Masse einfüllen. Die Timbale mit Alufolie abgedeckt in ein tiefes Backblech oder ähnlich tiefes, feuerfestes Geschirr setzen und mit Wasser 3/4 hoch zum Rand hin angießen. Auf mittlerer Ebene ca. 25–30 Min. garen.

5 Mit einem Zahnstocher in die Mitte stechen und den Garzustand feststellen. Ist der Zahnstocher beim Herausziehen trocken, ist die Masse gar. Die Timbale herausnehmen und zum Servieren auf das gewählte Geschirr stürzen und anrichten.

Dazu passen braune Soße, Karottenpüree und Kartoffeln.

Variante:
Die Timbale auf ein Schneidebrett stürzen und in Scheiben oder Würfel schneiden. Sie kann auch mit anderen Fleischsorten hergestellt werden.

HOCHWERTIGES EIWEIß

Als Timbale lässt sich das Fleisch ansprechend in Form bringen. Leichte Kost zum Genießen – schmackhaft und gesund.

EBERKÄSE

100 g	Leberkäse ohne Rinde
40 ml	Fleischbrühe
1 g	Agar-Agar
20 ml	Wasser

Für 1 Person

Ca. 15 Min. Zubereitungszeit
Pro Portion 275 kcal,
18 g EW, 23 g F, 1 g KH

1 Leberkäse klein schneiden. Fleisch und Fleischbrühe in einer hohen Schüssel mit einem Mixstab pürieren. Durch ein Haarsieb streichen.

2 In einem kleinen Topf Wasser mit Agar-Agar mischen und unter Rühren mit einem Schneebesen aufkochen. Von der Flamme ziehen und das Fleisch hineinrühren. Unter erneutem Rühren noch einmal aufkochen.

3 Eine kleine Kastenkuchenform mit Wasser ausspülen und die Masse hineinfüllen. Abgedeckt im Kühlschrank ca. 30 Min. stocken lassen.

4 Zum warmen Servieren die Scheibe aus der Form herausnehmen und entweder auf einem Teller im Ofen bei 65 °C oder in einem flachen Topf mit etwas Brühe bedeckt bis 65 °C erwärmen. Spätestens ab 80 °C geht die Bindung und dadurch die Stabilität durch das Agar-Agar verloren. Die Temperatur mit einem Braten-Thermometer kontrollieren.

Dazu passen Lauchmus und Kartoffeln.

Variante:
Anstelle von Leberkäse Bockwurst, Bratwurst, Weißwurst verwenden. Die Würste vorher abziehen, dann wie den Leberkäse zubereiten. Als Form eignet sich zum Beispiel eine Savarinform, in die man die Fleischmasse wie einen Wurstring füllen kann. Das Erwärmen erfolgt wie beim Leberkäse.

DAFÜR MUSS MAN KEIN BAYER SEIN

Leberkäs – auch Fleischkäse genannt – gehört überall zur Hausmannskost.
Das isst man auch im Alter gern.
Gut, wenn man die Tricks kennt, um ihn auch bei Schluckstörungen essen
und genießen zu können.

KASSELERMOUSSE-NOCKEN

1 EL	Sahne
1/2 TL	Zucker
125 g	Kasseler, roh
2 Prisen	Zucker
1 TL	Wacholderschnaps
1/2	Ei
	Salz und Pfeffer
1/4 l	Gemüsebrühe oder
	Fleischbrühe

Für 1 Person

Ca. 45 Min. Zubereitungszeit
Pro Portion 325 kcal,
25 g EW, 22 g F, 5 g KH

1 Sahne mit dem Zucker in einer hohen Schüssel steif schlagen und im Kühlschrank kalt stellen.

2 Fleisch in kleinste Würfel schneiden, mit Zucker und Wacholderschnaps in einer Schüssel mit einem Mixstab pürieren. Ei unterziehen, mit Salz und Pfeffer abschmecken. Die Masse durch ein Haarsieb in eine Schüssel streichen.

3 Die Brühe in einem Topf erhitzen und unter dem Siedepunkt wallen lassen.

4 Sahne unterheben. Mit zwei in Wasser getauchten Teelöffeln von der Masse Nocken abstechen und in die Brühe gleiten lassen. Ca. 8–10 Min. gar ziehen lassen.

Dazu passen Zwiebelmus und Kartoffelpüree.
Variante:
Die Masse in einer gefetteten Form im Wasserbad in einem vorgeheizten Ofen mit Alufolie abgedeckt auf mittlerer Schiene bei 150 °C ca. 25 Min. garen.

NTENMOUSSE-NOCKEN

40 ml	Sahne
1/2 TL	Zucker
100 g	Entenkeulenfleisch ohne Knochen, Haut und Sehnen
2 EL	Geflügelbratensauce, dickflüssig
1 TL	Madeira
1 TL	Sojasoße
	Salz und Pfeffer
1	Eigelb
1/4 l	Gemüsebrühe oder Hühnerbrühe, gesiebt

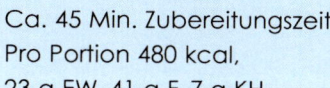

Für 1 Person
Ca. 45 Min. Zubereitungszeit
Pro Portion 480 kcal,
23 g EW, 41 g F, 7 g KH

1 Sahne mit Zucker in einer hohen Schüssel steif schlagen und im Kühlschrank kalt stellen.

2 Fleisch in kleinste Würfel schneiden und zusammen mit Geflügelbratensauce, Madeira, Sojasauce, Salz und Pfeffer in einer Schüssel mit einem Mixstab pürieren. Die Masse durch ein Haarsieb in eine Schüssel streichen. Eigelb und danach die Sahne unterheben.

3 Brühe in einem Topf erhitzen und unter dem Siedepunkt wallen lassen.
Mit zwei in Wasser getauchten Teelöffeln Nocken von der Masse abstechen und in die Brühe gleiten lassen.
Ca. 8–10 Min. gar ziehen lassen.

Dazu passen braune Geflügelsoße, Erbsenpüree und feine Semmelknödel.

Variante:
Die Fleischmasse in einer Form stocken und zum Servieren in Scheiben schneiden.

SAUERBRATENMOUSSE

200 g	Sauerbraten vom Rind
1	Ei
1	Eigelb
1 Prise	Zucker
1/2 TL	Rübenkraut
1/2 TL	Apfelkraut
1/2 TL	Balsamicoessig
1 EL	Sahne
	Salz und Pfeffer
	Rapsöl zum Einfetten der Form
1	kleine feuerfeste Form

Für 2 Portionen
Ca. 50 Min. Zubereitungszeit
Pro Portion 255 kcal,
26 g EW, 16 g F, 3 g KH

1 Den Ofen auf 150 °C vorheizen.

2 Fleisch in hauchdünne Scheiben, dann in feinste Streifen und danach in kleinste Würfel schneiden. Fleisch mit Ei, Eigelb, Zucker, Rübenkraut, Apfelkraut, Essig, Salz und Pfeffer in einer Schüssel mit einem Mixstab pürieren.

3 Die Masse durch ein Haarsieb in eine Schüssel streichen, Sahne unterrühren und mit Salz und Pfeffer abschmecken.

4 Die Form mit Fett einpinseln, die Masse einfüllen und mit Alufolie abdecken. In einem tiefen Blech die Form mit Wasser bis zu einem Drittel der Randhöhe der Form angießen. Auf der mittleren Ebene im Ofen ca. 25–30 Min. garen.

5 Die Form entnehmen, die Mousse auf eine Platte stürzen und die Hälfte in Scheiben schneiden und anrichten. Die andere Hälfte in Folie verpackt im Tiefkühlfach für eine weitere Mahlzeit aufbewahren.

Dazu passen Sauerbratensoße, Rotkohlschnitte (als Variante beim Rezept Blumenkohlschnitte) und feine Kartoffelklöße.

Variante:
Die Masse ohne Sahne und Eigelb zubereiten. Sauerbratenfond in einem schmalen hohen Topf erhitzen, damit der Fond kräftig wird. Mit zwei in Wasser getauchten Teelöffeln Klößchen von der Masse abstechen und in dem leicht wallenden Fond ca. 8–10 Min. gar ziehen lassen.

SAUERBRATEN DER GANZ FEINEN ART ...

... als Mousse. Das bekommen Sie sonst nur im Feinschmeckerlokal.

Die Zubereitung als Mousse ist hier und in anderen Rezepten immer eine ausgezeichnete Variante, keinesfalls eine Notlösung.
Im Gegenteil: In vielen Fällen führt dieses Verfahren zu einem ganz besonders feinen Geschmackserlebnis. Probieren Sie es aus!

KÖNIGSBERGER KLOPSE MIT KAPERN

Klopse:

15 g	Weißbrot ohne Rinde
3 EL	Gemüse- oder Fleischbrühe, gesiebt
10 g	Zwiebeln
1/2	Sardelle
20 g	Kapern
125 g	Hackfleisch
1	Eigelb
	Paprikapulver, edelsüß
	Salz und Pfeffer
1/4 l	Gemüsebrühe, gesiebt

Kapernsoße:

5 g	Butter
8 g	Weizenmehl Type 405
70 ml	Brühe vom Pochieren, gesiebt
5 g	Kapern
	Salz
	Zucker
1	Spritzer Zitronensaft
10 g	Schmand

Für 1 Person

Ca. 45 Min. Zubereitungszeit
Pro Portion 610 kcal,
34 g EW, 41 g F, 28 g KH

1 Weißbrot in kleine Würfel schneiden und mit Gemüsebrühe einweichen. Zwiebeln fein reiben. Sardelle und 20 g Kapern zu Mus hacken.

2 In einer Schüssel Hackfleisch mit Zwiebeln, Eigelb, Sardelle, Kapern, Brot, Paprikapulver, Salz und Pfeffer vermengen. Mit einem Mixstab pürieren und abschmecken. Die Masse durch ein Haarsieb in eine Schüssel streichen.

3 Gemüsebrühe in einem Topf aufkochen und wallen lassen. Mit zwei in Wasser getauchten Teelöffeln Klößchen formen und sie in die Brühe gleiten lassen. Ca. 8–10 Min. gar ziehen lassen. Wird die Masse in einer feuerfesten Form gestockt, beträgt die Garzeit 30–35 Min.

4 Für die Soße Butter in einem Topf bei mittlerer Hitze heiß werden lassen. Mehl hinzugeben und unter Rühren ca. 2 Min. anschwitzen. Brühe mit Kapern, Salz, Zucker und Zitronensaft hinzugeben, aufkochen, pürieren und durch ein Haarsieb streichen, Schmand einrühren. Die Klößchen in der Soße heiß halten.

Variante:
Brötchen in Milch einweichen anstelle von Brühe. Statt Kapern luftgetrocknete Tomaten verwenden.

HIMMEL UND ERDE MIT BLUTWURST

150 g   Kartoffeln
20 ml   Sahne
2 TL   Butter
100 g   Apfelkompott
80 g   feine Blutwurst ohne Stücke
       Salz

Für 1 Person
Ca. 45 Min. Zubereitungszeit
Pro Portion 530 kcal,
17 g EW, 35 g F, 38 g KH

1 Kartoffeln in Würfel schneiden und mit gesalzenem Wasser bedeckt ca. 20 Min. weich kochen. Kartoffeln abschütten, zu Brei stampfen, Sahne, 1 TL Butter und Apfelkompott unterrühren. Erwärmen und warm stellen.

2 Blutwurst in ca. 1 cm dicke Scheiben schneiden. Die restliche Butter in einer Pfanne bei mittlerer Hitze schmelzen und darin die Blutwurstscheiben ca. 2–3 Min. je Seite erhitzen, ohne Farbe nehmen zu lassen. Eventuell nach dem Wenden der Scheiben die Pfanne von der Flamme ziehen und die Nachwärme nutzen.

3 Zum Anrichten den Kartoffelbrei auf den Teller geben und die Blutwurstscheiben ohne Haut daneben legen.

OMELETT

2   Eier
1 EL   Sahne
1 Prise   Muskat
       Salz
5 g   Butter

Für 1 Person
Ca. 15 Min. Zubereitungszeit
Pro Portion 265 kcal,
16 g EW, 22 g F, 2 g KH

1 In einer Schüssel Eier, Sahne, Muskat und Salz glatt rühren.

2 Butter in einer Pfanne bei mittlerer Hitze schmelzen. Die Masse hinein geben, die Pfanne vom Herd ziehen und den Inhalt hellgelb stocken lassen. Das Omelett ist obenauf gestockt aber weich. Von den Seiten zur Mitte hin zuklappen.

3 Zum Anrichten den Teller an den Pfannenrand halten und das Omelett mit den geklappten Seiten nach unten auf den Teller platzieren.

Dazu passen Spinat und Salzkartoffeln.

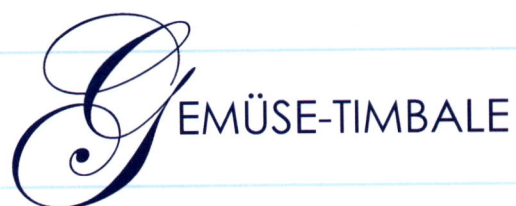 EMÜSE-TIMBALE

50 g	Möhren
50 g	Zuckerschoten
10 ml	Vollmilch
10 ml	Sahne
5 g	Speisestärke
1	Ei
	Zucker
	Salz und Pfeffer
1 Prise	Muskat
1	feuerfestes Förmchen für ca. 150 ml (alternativ: eine Tasse) Öl zum Fetten der Form

Für 1 Person
Ca. 30 Min. Zubereitungszeit
und ca. 45 Min. Garzeit
Pro Portion 215 kcal,
11 g EW, 14 g F, 13 g KH

1 Wasser mit Salz in einem Topf aufkochen. Möhren in ca. 0,5 cm dicke Scheiben schneiden. Jeweils getrennt Zuckerschoten ca. 5 Min, Möhren ca. 12 Min. gar kochen, herausnehmen, in eiskaltem Wasser abschrecken und auf einem Sieb abtropfen lassen. Getrennt in je eine Schüssel füllen.

2 Den Ofen auf 160 °C (150 °C Umluft) vorheizen.

3 In einer Schüssel Milch, Sahne und Stärke verquirlen. Ei einrühren. Mit Zucker, Salz, Pfeffer und Muskat abschmecken. Jeweils die Hälfte der Eiermasse zu den beiden Gemüsen geben, mit einem Mixstab pürieren. Abschmecken und durch ein Haarsieb in getrennte Schüsseln streichen.

4 Das Förmchen fetten. Zuerst die Karottenmasse, dann die Zuckererbsenmasse einfüllen, mit Alufolie abdecken und in einem Wasserbad auf der mittleren Schiene ca. 45 Min. garen.

Dazu passt Holländische Soße.

DAS AUGE ISST MIT

Deswegen spielt die Optik einer Speise auch und gerade bei alten Menschen eine nicht zu unterschätzende Rolle.

Diese Gemüse-Timbale ist nicht nur ein ästhetischer Augenschmaus. Die Timbaleform stammt aus der feinen Küche und ist ein praktischer Helfer beim gefälligen Anrichten von Menüs.

BLUMENKOHLSCHNITTE

150 g   Blumenkohlröschen
50 ml   Gemüsebrühe, gesiebt
2 g   Agar-Agar
1 Prise   Salz
1 Prise   Muskat

Für 1 Person
Ca. 35 Min. Zubereitungszeit
Pro Portion 45 kcal,
5 g EW, 0 g F, 5 g KH

1 Die Blumenkohlröschen vierteln und in einem Topf mit kochendem Wasser mit etwas Salz aufkochen, bei mittlerer Hitze ca. 10 Min. weich kochen. Herausnehmen, mit kaltem Wasser abbrausen und abtropfen lassen.

2 In einem Topf Gemüsebrühe erhitzen. Agar-Agar, Salz und nach Belieben Muskat einrühren und aufkochen.

3 Den Blumenkohl mit einem Pürierstab in einer Schüssel pürieren. Die erhitzte Gemüsebrühe unterrühren. Die Masse durch ein Haarsieb in eine Schüssel streichen und dann erneut in einen Topf geben und einmal aufkochen.

4 Die Masse in eine kleine Kastenform gießen und erkalten lassen. Den Inhalt der Form auf ein Brett stürzen und längs in Streifen schneiden. Hierzu vorher die Klinge des Messer in heißes Wasser tauchen und abtrocknen.

Variante:
Für eine Rotkohlschnitte den Blumenkohl gegen 150 g Rotkohl aus dem Glas austauschen und 2 EL Apfelmus dazu geben. Muskat weglassen.

AROTTENPÜREE

100 g	Karotten
20 g	Zwiebeln
	Salz
25 g	Kartoffeln
1 Prise	Zucker
5 g	Butter

Für 1 Person
Ca. 30 Min. Zubereitungszeit
Pro Portion 85 kcal,
2 g EW, 5 g F, 10 g KH

1 Karotten und Zwiebeln in kleinste Stücke schneiden. In einen Topf, mit gesalzenem Wasser bedeckt, zugedeckt ca. 10 Min. bei mittlerer Hitze kochen. Kartoffeln hinein reiben und ca. 10 Min. fertig garen.

2 Die Flüssigkeit abschütten, Zucker dazugeben und ca. 1 Min. bei kleiner Flamme abdämpfen. Butter hinzufügen und das Ganze pürieren. Durch ein Haarsieb streichen und abschmecken.

Variante:
Eine angenehme Geschmacksnote erzielen Sie, wenn Sie kurz vor Ende des Kochvorgangs ein Blatt Estragon hinzugeben und bei Ende des Kochens wieder herausnehmen.

RBSENPÜREE

140 g	Erbsen, tiefgefroren
20 g	Zwiebelwürfel
5 g	Butter
1 Prise	Zucker
	Salz und Pfeffer

Für 1 Person
Ca. 25 Min. Zubereitungszeit
Pro Portion 165 kcal,
11 g EW, 5 g F, 19 g KH

1 In einem Topf Erbsen und Zwiebelwürfel, mit gesalzenem Wasser bedeckt, bei mittlerer Hitze ca. 10 Min. weich kochen. Den Kochfond in eine Schüssel abschütten.

2 Erbsen, Butter und 30 ml Kochfond mit einem Mixstab pürieren. Mit Zucker, Salz und Pfeffer abschmecken, durch ein Haarsieb streichen.

Variante:
Dicke Bohnen anstelle der Erbsen verwenden. Diese ca. 15–20 Min. kochen.

LINSENGEMÜSE

30 g	Tellerlinsen
15 g	Möhren
15 g	Sellerie
25 g	Kartoffeln
1 Prise	Ingwerpulver
1 Msp.	mittelscharfer Senf,
1 TL	weißer Balsamicoessig
	Salz und Pfeffer

Für 1 Person

Ca. 45 Min. Zubereitungszeit
Pro Portion 120 kcal,
8 g EW, 0 g F, 20 g KH

1 Linsen am Vortag in einer Schüssel mit dreimal so viel Wasser einweichen. Die Schüssel so bedecken, dass ein Spalt offen bleibt.

2 Linsen abschütten, abspülen und mit gesalzenem Wasser bedeckt ca. 10 Min. weich kochen. Möhren, Sellerie und Kartoffeln fein schneiden. Alles dazugeben und ca. 20–25 Min. weich kochen.

3 Linsengemüse abschütten. Mit Ingwer, Senf, Balsamico, Salz und Pfeffer abschmecken, pürieren und durch ein Haarsieb in einen Topf streichen.

ZWIEBELMUS

120 g	Zwiebeln
25 g	Kartoffeln
5 ml	Rapsöl
50 ml	Gemüsebrühe, gesiebt
	Salz und Pfeffer

Für 1 Person

Ca. 30 Min. Zubereitungszeit
Pro Portion 95 kcal,
2 g EW, 5 g F, 10 g KH

1 Zwiebeln in kleine Würfel schneiden und Kartoffeln fein raspeln. Beides in einem Topf mit Öl bei mittlerer Hitze unter stetigem Rühren ca. 5 Min. glasig dünsten.

2 Gemüsebrühe hinzugeben und bei gelegentlichem Umrühren ca. 20 Min. durchgaren.

3 Die Zwiebelmasse mit einem Mixstab pürieren. Mit Salz und Pfeffer abschmecken. Das Ganze durch ein Haarsieb streichen.

AUCHMUS

120 g   Lauch
25 g   Kartoffeln
5 ml   Rapsöl
50 ml   Gemüsebrühe, gesiebt
1 Prise   Muskat
          Salz und Pfeffer
1 Prise   Zucker

Für 1 Person

Ca. 35 Min. Zubereitungszeit
Pro Portion 95 kcal,
4 g EW, 5 g F, 8 g KH

1 Lauch waschen, abtropfen, längs halbieren und quer in sehr dünne Streifen schneiden. Kartoffeln fein raspeln.

2 In einem Topf bei mittlerer Hitze Lauch und Kartoffel mit Öl unter stetigem Rühren ca. 5 Min. glasig dünsten.

3 Gemüsebrühe hinzugeben und bei gelegentlichem Umrühren ca. 20 Min. weich garen.

4 Die Lauchmasse mit einem Mixstab pürieren. Mit Muskat, Salz und Pfeffer sowie Zucker abschmecken. Das Ganze durch ein Haarsieb streichen.

ARTOFFELPLÄTZCHEN

130 g   mehlig kochende Kartoffeln
10 g   Grieß
5 g   Stärke
1 Prise   Muskat
          Salz
10 g   Rapsöl zum Braten

Für 1 Person

Ca. 40 Min. Zubereitungszeit
Pro Portion 230 kcal,
4 g EW, 10 g F, 31 g KH

1 Kartoffeln vierteln und ca. 20 Min. in einem Topf mit Salzwasser gar kochen. Wasser abgießen, Kartoffeln in dem Topf belassen und bei mittlerer Hitze trocken rühren bis das restliche Wasser verdampft ist.

2 Kartoffeln in eine Schüssel geben und mit Grieß, Stärke, Muskat und eventuell etwas Salz mit einem Stampfer verkneten. Die Masse zu kleinen Plätzchen formen.

3 In einer beschichteten Pfanne Butter erhitzen und darin die Kartoffelplätzchen vorsichtig braten, bis sie hellbraun sind.

KARTOFFELPÜREE

120 g	Kartoffeln
30 ml	Vollmilch
5 g	Butter
1 Prise	Muskat
	Salz

Für 1 Person
Ca. 30 Min. Zubereitungszeit
Pro Portion 140 kcal,
4 g EW, 5 g F, 19 g KH

1 Kartoffeln in Stücke schneiden und mit gesalzenem Wasser bedeckt in einem Topf ca. 20 Min. weich kochen.

2 Kartoffeln abschütten und mit Milch, Butter und Muskat zu einem feinen Brei vermengen, danach durch ein Haarsieb streichen.

Variante:
Kartoffelschnee zubereiten. Dafür 30 g geschlagene Sahne unter den Kartoffelbrei heben.

FEINE SEMMELKNÖDEL

60 g	Weißbrot ohne Rinde
10 g	Zwiebeln
75 ml	Vollmilch
1	Eigelb
1 Prise	Muskat
	Salz und Pfeffer
2 g	Schmelzflocken

Für 1 Person
Ca. 30 Min. Zubereitungszeit
Pro Portion 275 kcal,
11 g EW, 11 g F, 34 g KH

1 Weißbrot in kleinste Würfel schneiden und in eine Schüssel geben. Zwiebeln reiben und hinzufügen.

2 Milch mit Eigelb, Muskat, etwas Salz und Pfeffer verrühren, dann über das Weißbrot geben. Das Ganze mit einer Gabel fein vermengen, Schmelzflocken dazugeben und alles ca. 60 Min. quellen lassen.

3 In einem Topf gesalzenes Wasser aufkochen. Mit zwei in Wasser getauchten Teelöffeln aus der Masse ca. 6–8 Klößchen formen, in das Wasser gleiten lassen und ohne Kochen ca. 10–15 Min. gar ziehen lassen.

SPECKPFANNKUCHEN

2	Scheiben Frühstücksspeck, dünn geschnitten
70 ml	Vollmilch
40 g	Weizenvollkornmehl
1 Prise	Backpulver
1	Ei
1 Prise	Zucker
1 Prise	Muskat
	Salz und Pfeffer
	Rapsöl zum Backen

Für 1 Person
Ca. 20 Min. Zubereitungszeit
Pro Portion 420 kcal,
24 g EW, 24 g F, 28 g KH

1 Speck in kleinste Würfel schneiden, dann sehr fein hacken und mit Milch pürieren.

2 In einer Schüssel Mehl mit dem Backpulver mischen. Die Speckmilch hinzugeben und zu einem glatten Teig rühren. Ei, Zucker und Muskat unterrühren. Abschmecken mit Salz und Pfeffer. Die Masse mit einem Mixstab pürieren und durch ein Sieb in eine Schüssel streichen.

3 Fett in einer Pfanne bei mittlerer Hitze heiß werden lassen.
Mit einem Teelöffel Pfannkuchenteig in die Pfanne geben und die Pfannkuchen auf jeder Seite hellbraun backen.

Dazu passt Schmand.
Variante:
Vom Teig zwei große Pfannkuchen backen und dann einfach in kleine Stücke schneiden.
Das Eiweiß steif schlagen und zum Schluss unterheben, dann wird der Pfannkuchen lockerer.

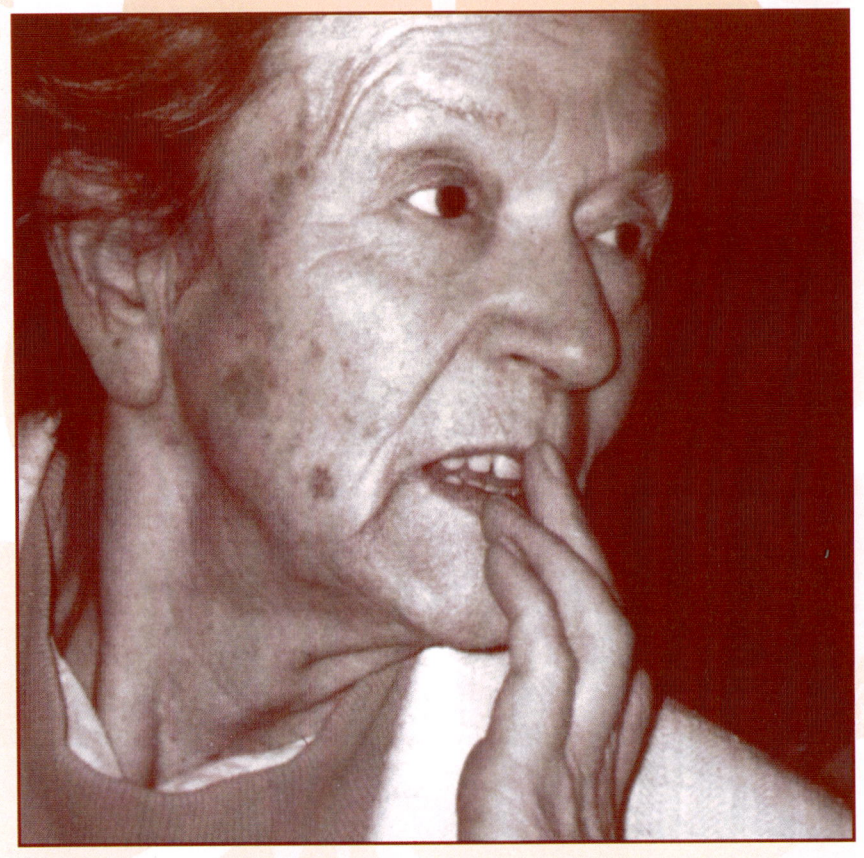

Und sie bekam die einmalige Chance, den drei Frauen, denen sie sich am innigsten verbunden fühlte, in einer zu begegnen: Ich war gleichzeitig "Mutti", Schwester "Erika" und Tochter "Petra". Welch ein Geschenk ... Vergangenheit und Gegenwart waren für sie eins geworden.

SÜSSE SATTMACHER

Süßes ist Balsam für die Seele. Auch Menschen mit Demenz lieben meist süße Gerichte. Dafür kann man pikante Speisen einfach nachträglich mit Zucker süßen oder eben auch süße Hauptspeisen anbieten.

Vielen sind diese einfachen Gerichte aus Kindertagen bekannt. Sie wecken angenehme Erinnerungen.

Ein zusätzliches Plus: Gerichte wie Milchreis, Grießbrei mit Zimt und Zucker oder auch Milchnudeln mit Kompott sind schnell gemacht.

APFELPFANNKUCHEN

1	Eiweiß
1 Prise	Zucker
50 g	Weizenvollkornmehl
1/4 TL	Backpulver
80 ml	Vollmilch, lauwarm
15 g	Zucker
150 g	Apfelmus, fein püriert
1	Eigelb
1 Prise	Salz
	Rapsöl zum Backen

Für 1 Person

Ca. 20 Min. Zubereitungszeit

Pro Portion 545 kcal,

17 g EW, 21 g F, 72 g KH

1 Das Eiweiß mit einer Prise Zucker steif schlagen und im Kühlschrank kalt stellen.

2 Das Mehl und das Backpulver in eine Schüssel sieben. Die Milch, den Zucker und 50 g Apfelmus dazugeben und glatt rühren. Das Eigelb und das Salz hineinrühren. Den Eischnee locker unter den Teig ziehen.

3 In einer Pfanne bei mittlerer Flamme das Fett erhitzen. Den Teig esslöffelweise in die Pfanne geben. Ca. 3–4 Min. hellbraun backen, wenden und auf der anderen Seite ungefähr ebenso lang fertig backen.

4 Die kleinen Pfannkuchen auf einem vorgewärmten Teller servieren und das restliche Apfelmus in einem Schälchen dazureichen oder direkt auf den Pfannkuchen geben.

REIBEKUCHEN MIT APFELMUS

250 g	Kartoffeln
10 g	Zwiebeln
10 g	feine Haferflocken
	Salz und Pfeffer
1 Prise	Muskat
	Rapsöl zum Backen
100 g	Apfelmus aus dem Glas oder selbst gemacht

Für 1 Person

Ca. 30 Min. Zubereitungszeit

Pro Portion 370 kcal,

7 g EW, 11 g F, 59 g KH

1 Kartoffeln mit Zwiebeln sehr fein in eine Schüssel reiben. Haferflocken hinzufügen. Mit Salz, Pfeffer und Muskat abschmecken.

2 In einer Pfanne bei mittlerer Flamme das Fett erhitzen. Pro Reibekuchen 1 TL Teig in die Pfanne geben und auf jeder Seite goldbraun backen.

3 Dazu Apfelmus reichen.

GIBT ES JEMANDEN,
DER KEINE REIBEKUCHEN MAG?

Dann bitte weiterblättern. Für alle anderen hier noch ein paar Tipps:
Tauschen Sie zur Abwechslung das Apfelmus einmal gegen Rübenkraut
oder herzhaften Kräuterquark aus.
Servieren Sie zu den Reibekuchen eine Tasse Kaffee und Schwarzbrot. Sie
passen ganz besonders gut zu diesem fetthaltigen Gericht.
Und: Menschen mit erhöhtem Energiebedarf dürfen sich sogar noch
Butter aufs Schwarzbrot streichen.

QUARKKÄULCHEN

Vorteig:

25 g	Weizenmehl Type 405
1 Prise	Zucker
6 g	Hefe, frisch
50 ml	Vollmilch

Teig:

5 g	Butter
15 g	Zucker
1 Prise	Salz
1	Ei
45 g	Sahnequark
25 g	Weizenvollkornmehl
	Rapsöl zum Backen

Für 1 Person

Ca. 60 Min. Zubereitungszeit
Pro Portion 555 kcal,
20 g EW, 30 g F, 52 g KH

1 Den Backofen auf 50 °C vorheizen.

2 Für den Teig Weizenmehl mit Zucker in eine Schüssel geben. Hefe dazubröseln, Milch hineingeben und mit einem Schneebesen zu einem glatten Teig vermengen.

3 Den Ofen ausschalten, die Schüssel mit dem Teig hineinstellen und in der Wärme ca. 10 Min. gehen lassen. Den Teig herausnehmen und einmal durchkneten.

4 Butter, Zucker, Salz, Ei, Quark und Weizenvollkornmehl zum aufgegangenen Teig geben und gut durchkneten. Nochmals ca. 20 Min. gehen lassen.

5 Öl in einer Pfanne bei mittlerer Stufe erhitzen. Einen gehäuften Esslöffel Teig pro Stück in die Pfanne geben und die Käulchen auf jeder Seite ca. 3 Min. hellbraun backen.

Dazu passen Zimt und Zucker, Apfelmus oder Vanillesoße.

Anmerkung:
Nach Belieben können noch 15 g Korinthen zum Teig gegeben werden.

ICKERT

100 g	Kartoffeln, mehlig kochend
30 g	Weizenvollkornmehl
30 g	Weizenmehl Type 405
30 g	weiche Rosinen
10 ml	Rapsöl
30 ml	Dosenmilch
1 EL	saure Sahne
1	Ei
	Salz und Pfeffer
1 Prise	Muskat
3–4	Scheiben Frühstücksspeck, dünn geschnitten
	Rapsöl zum Backen

Für 1 Person
Ca. 30 Min. Zubereitungszeit
Pro Portion 800 kcal,
33 g EW, 39 g F, 79 g KH

1 Kartoffeln waschen, schälen, fein reiben und in einer Schüssel mit Mehl, Rosinen, Öl, Dosenmilch und saurer Sahne zu einem glatten Teig vermengen. Ei untermengen und mit Salz, Pfeffer und Muskat abschmecken.

2 In einer Pfanne Fett bei mittlerer Hitze heiß werden lassen. Für einen Pickert je 1 EL Teig in die Pfanne geben, mit dem Löffel etwas platt drücken und mit einem Stück Speck in der Größe des Teiges belegen. Auf jeder Seite ca. 3–4 Min. hellbraun backen.

Dazu passen Apfelmus, Butter, Rübenkraut, Apfelkraut, herzhafte Leberwurst oder auch Hering.

STRUWEN

75 ml	Vollmilch
5 g	Hefe, frisch
1/2 TL	Zucker
30 g	Weizenvollkornmehl
30 g	Weizenmehl Type 405
1 Prise	Salz
15 g	weiche Rosinen
1	Eigelb
3 g	Butter
	Rapsöl zum Backen

Für 1 Person
Ca. 30 Min. Zubereitungszeit
Pro Portion 460 kcal,
14 g EW, 20 g F, 56 g KH

1 Milch in einem Topf bei mittlerer Hitze hand-warm werden lassen.

2 In eine Schüssel die Hefe bröckeln und mit einer Prise Zucker sowie ca. 1/3 der Milch verrühren. Das Ganze ca. 5–10 Min. gehen lassen.

3 In einer Rührschüssel Mehl, eine Prise Salz, Rosinen und den restlichen Zucker vermengen. Die Milch mit der Hefe und die restliche Milch dazugeben und glatt rühren. Eigelb und Butter hinzufügen und alles zu einem glatten Teig ver-rühren. Mit einem Küchentuch abgedeckt ca. 1 Stunde an einem ca. 50 °C warmen Ort (z. B. Ofen) gehen lassen.

4 Den Teig noch einmal vorsichtig durchrühren. In einer beschichteten Pfanne das Öl mäßig erhit-zen und für einen Struwen je 1 TL Teig in die Pfanne geben und auf jeder Seite ca. 4 Min. hellbraun backen.

Dazu passen Zimt und Zucker, Apfelmus oder ande-res Kompott.
Variante:
Die Rosinen können auch weggelassen werden.

WIE BEI MUTTERN

Struwen ist ein altes westfälisches Gericht, das traditionell am Karfreitag gegessen wurde. Natürlich schmecken die süßen Hefepfannkuchen auch an anderen Tagen …

BUCHWEIZEN-BLINIS

80 ml	Vollmilch
50 g	Buchweizenmehl
5 g	frische Hefe
1 TL	Honig
1 Prise	Salz
1	Eigelb
5 g	weiche Butter
	Rapsöl zum Backen

Für 1 Person

Ca. 60 Min. Zubereitungszeit und
Pro Portion 445 kcal,
10 g EW, 25 g F, 47 g KH

1 Milch in einem Topf bei mittlerer Hitze hand-warm werden lassen.

2 Mehl in eine Schüssel aus Metall geben. Hefe hineinbröckeln.

3 1/2 TL Honig, Salz, die warme Milch und Eigelb in die Schüssel geben und mit einem Rührgerät zu einem glatten Teig verrühren. Butter hinzuge-ben und unterkneten.

4 Den Teig in der Schüssel mit einem Küchentuch abdecken und bei Raumtemperatur ca. 30 Min. oder im Backofen auf unterster Schiene bei 50 °C erst ca. 5–10 Min., dann ausgeschaltet in der Nachwärme ca. 15 Min. gehen lassen, bis der Teig das doppelte Volumen mit poriger Oberfläche erreicht hat.

5 Den Teig einmal durchkneten. Etwas Rapsöl in einer Pfanne bei mittlerer Hitze heiß werden las-sen. Je 1 EL Teig pro Blini in die Pfanne geben und auf jeder Seite ca. 3 Min. hellbraun werden lassen.

Dazu passen Schmand, Apfelmus, Vanillesoße oder auch gebeizter oder geräucherter Lachs.

ARME RITTER

4	Scheiben Vollkorntoast
80 ml	Vollmilch
20 g	Puderzucker
1 Prise	Zimt
1 Prise	Vanillinzucker
1	Ei
	Butter zum Backen

Für 1 Person
Ca. 20 Min. Zubereitungszeit
Pro Portion 540 kcal,
19 g EW, 22 g F, 67 g KH

1 Toastbrot entrinden.

2 In einem tiefen Teller Milch mit Puderzucker, Zimt und Vanillinzucker verrühren, dann das Ei hinein und verquirlen.

3 Die Scheiben in die Tunke legen und ca. 1–2 Min. vollsaugen lassen.

4 In einer beschichteten Pfanne bei mittlerer Hitze die Butter schmelzen. Die Flamme auf kleine Hitze reduzieren und darin die Eiermilch-Toastscheiben ca. 3–5 Min. je Seite hellbraun stocken lassen. Es sollte nur eine Kruste am Toast entstehen, wenn dies gewünscht ist.

Dazu passen Ahornsirup oder braune Butter.

Nach einer ausgedehnten Bummelei entfiel ihr oft, wo sie her-
kam und wo sie hingehörte. Auf die neugierige kleine
Dorfgemeinschaft war jedoch Verlass – sie wusste, wo die
„schicke Oma" abzugeben war.

FEINE DESSERTS

„Nachtisch passt immer noch rein", egal wie üppig das Hauptmenü war.

Auch bei den folgenden Rezepten haben wir darauf geachtet, dass sie einfach zu essen sind. Gefrorenes oder Angedicktes sowie ansprechende Farben machen noch einmal Appetit. Natürlich können Sie die Desserts auch zwischendurch anbieten.

Geschnittenes Obst, weiches Kompott, Eis in Waffeln und fertige Cremespeisen oder Joghurts ergänzen die Auswahl mit zahllosen Möglichkeiten.

 EBRATENES OBST

75 g	Äpfel ohne Schale
75 g	Birnen ohne Schale
10 g	Butter
10 g	Zucker
1 Prise	Zimt

Für 1 Person
Ca. 15 Min. Zubereitungszeit
Pro Portion 195 kcal,
1 g EW, 9 g F, 29 g KH

1 Das Obst in Spalten schneiden.
2 Die Butter in einer Pfanne bei mittlerer Hitze zerlassen. Den Zucker hinzugeben und leicht hell bräunen.
3 Die Obstspalten in der Pfanne 4–6 Min. schmelzen. Mit dem Zimt würzen.

Dazu passen Vanillesoße, Sahne, Zimtsahne, Vanille- oder Schokoladeneis.
Variante:
Bananen, Pfirsiche oder Nektarinen braten.

RATAPFEL

1	Boskop-Apfel
10 g	Butter
10 g	Vanillinzucker
	feuerfeste Form
	Butter zum Einfetten der Form

Für 1 Person
Ca. 5 Min. Zubereitungszeit und
ca. 25–30 Min. Backzeit
Pro Portion 195 kcal,
1 g EW, 10 g F, 23 g KH

1 Den Backofen auf 220 °C (Umluft 180 °C) vorheizen. Die Form buttern.
2 Den Apfel waschen, trocknen und mit einem Apfelkern-Ausstecher entkernen. Die Schale des Apfels mittig einmal rundherum mit einem Messer einritzen.
3 Butter mit Vanillinzucker mischen und in den Apfel füllen. Den Apfel in die Form stellen und auf der mittleren Schiene im Ofen ca. 25–30 Min. backen.
4 Herausnehmen und die Schale entfernen.

Dazu passen Vanillesoße oder Vanilleeis.

GEBRATEN – NICHT GEKOCHT

Vorsichtig gebraten lässt sich das weiche Obst auch leicht schlucken.
Der leckere Duft beim Brutzeln und der süße Geschmack regen den
Appetit an.

RUCHTGELEE

120 ml	heller Traubensaft
10 g	Zucker
5 g	Pulver für Zitronen-Götterspeise
	kleine Kastenform
	Klarsichtfolie

Für 1 Person

Ca. 5 Min. Zubereitungszeit und
ca. 3 Stunden Kühlzeit
Pro Portion 140 kcal,
5 g EW, 0 g F, 29 g KH

1 Die Form mit Klarsichtfolie auslegen.

2 Den Saft mit Zucker in einem Topf bei mittlerer Hitze auflösen. Götterspeisenpulver hineinrühren und aufkochen.

3 Die Flüssigkeit in die ausgekleidete Form gießen und im Kühlschrank ca. 3 Stunden kalt stellen.

4 Zum Portionieren das Gelee auf ein Schneidbrett stürzen und in Würfel oder Streifen schneiden.

Dazu passt Vanillesoße.

ONIGMELONEN-SORBET

100 g	Melonenfruchtfleisch, reif und weich, ohne Kerne und Schale
45 g	Zucker
45 ml	Mineralwasser
1 1/2 TL	Zitronensaft

Für 1 Person

Ca. 10 Min. Zubereitungszeit
und ca. 3 Stunden Gefrierzeit
Pro Portion 220 kcal,
1 g EW, 0 g F, 52 g KH

1 Melone in kleinste Stücke schneiden und mit Zucker in einer Schüssel pürieren. Wasser und Zitronensaft dazumischen. Die Masse durch ein Haarsieb in eine Schüssel streichen und abgedeckt ca. 3 Stunden einfrieren.

2 Alle 30 Minuten das Püree einmal durchrühren, damit die Masse geschmeidig bleibt.

Variante:
Andere reife Fruchtsorten können ebenfalls verwendet werden.

EISPRALINEN

100 ml	Sahne
2 EL	Vanillinzucker
30 g	Himbeeren, reif
1/4 TL	Kakaopulver
1–2	Eiswürfelformen

Für 1 Person

Ca. 15 Min. Zubereitungszeit und
ca. 3–4 Stunden Gefrierzeit
Pro Portion 425 kcal,
3 g EW, 31 g F, 35 g KH

1 Sahne mit Vanillinzucker steif schlagen und im Kühlschrank kalt stellen.

2 Die Eiswürfelformen mit Wasser ausspülen. Himbeeren durch ein Haarsieb in eine Schüssel drücken. Die Hälfte der Sahne dazu geben, vermischen und in die erste Form füllen.

3 Die restliche Sahne mit dem Kakaopulver vermengen und in die andere Form füllen. Beide Formen im Tiefkühlfach ca. 3–4 Stunden gefrieren.

Variante:
Fruchtsaft oder Fruchtpüree einfrieren.

SCHOKOLADEN-FLAMMERI

1 Blatt	Gelatine
80 ml	Vollmilch
5 g	Zucker
5 g	Vanillinzucker
5 g	Speisestärke
1	Eigelb
30 g	dunkle Kuvertüre

Für 1 Person

Ca. 15 Min. Zubereitungszeit und
ca. 60 Min. Kühlzeit
Pro Portion 315 kcal,
12 g EW, 13 g F, 38 g KH

1 Die Gelatine in einem Topf mit kaltem Wasser bedeckt einweichen.

2 60 ml Milch in einem Topf aufkochen.

3 In einer Schüssel die restliche Milch, Zucker, Vanillinzucker, Speisestärke und Eigelb verrühren.

4 Kuvertüre zerkleinern und in der heißen Milch auflösen. Die Eigelbmischung in die Milch rühren und unter Rühren aufkochen. Den Topf von der Flamme nehmen, Gelatine ausdrücken und zum Auflösen in die heiße Milch rühren.

5 Eine Form mit kaltem Wasser ausspülen und die Masse einfüllen. Abgedeckt im Kühlschrank ca. 1 Stunde kalt stellen.

Variante:
Anstelle von dunkler Kuvertüre Vollmilchkuvertüre verwenden.

ERDBEERMOUSSE

1 Blatt   Gelatine
40 g   Sahne
1 TL   Vanillinzucker
50 g   griechischer Joghurt, 10 % Fett
1   Spritzer Zitronensaft
1 EL   Zucker
30 g   frische Erdbeeren

Für 1 Person
Ca. 30 Min. Zubereitungszeit und
ca. 30 Min. Kühlzeit
Pro Portion 275 kcal,
6 g EW, 17 g F, 25 g KH

1 Gelatine in einer Schüssel mit kaltem Wasser bedeckt einweichen.

2 Sahne mit Vanillinzucker steif schlagen und im Kühlschrank kalt stellen.

3 Joghurt mit Zitronensaft und Zucker in einer Schüssel glatt rühren.

4 Erdbeeren waschen, trocken tupfen, Grün entfernen, pürieren, durch ein Haarsieb in die Schüssel streichen und vermengen.

5 Gelatine in einem Wasserbad auflösen und mit einem Schneebesen unter die Joghurtmasse ziehen. Die Sahne unterheben, die Masse in eine Form füllen und ca. 30 Min. im Kühlschrank kalt stellen.

Dazu passt Soße von frischen pürierten Erdbeeren.

Variante:

Erdbeersahne zubereiten. Dafür frische Erdbeeren pürieren und unter steif geschlagene Sahne ziehen. Anstelle des griechischen Joghurts Schmand oder Mascarpone verwenden.

CREMIG, FRUCHTIG, BEERENSTARK

Das Erdbeermousse ist ein Traum und bringt den Sommer auf den Teller.
Ein Dessert, das Jung und Alt gleichermaßen schmeckt.

Essen ist fertig!

ZUM SCHLUSS

Über die Autoren

Claudia Menebröcker
gründete 2004 das Beratungsunternehmen
CM Verpflegungskonzepte für Senioren. Sie ist
Diätassistentin für Geriatrische Ernährungs-
therapie/VDD und Fachwirtin/Schwerpunkt
Sozialwesen.
Zum Thema Ernährung im Alter veröffentlichte
sie ein Buch und verschiedene Fachartikel.

Claudia Menebröcker bei Elsevier Urban & Fischer, München:
* Ernährung in der Altenpflege (2007)

Jörn Rebbe
arbeitet als Küchenchef Produktmanagement
bei Broich Premium Catering mit Sitz in Düsseldorf.
Seit 1995 ist er als Kochbuchautor für den Verlag
Gräfe und Unzer tätig.

Jörn Rebbe/Elisabeth Döpp/Christian Willrich
bei Gräfe und Unzer, München (Auswahl):
* Von Kaiserschmarrn bis Schokocreme (2006)
* Aufläufe (2006)
* Orientküche (2006)
* Saucen und Dipps (2002)
* Kürbis & Co (2002)
* Low Fat für Genießer (1999)
* Korn & Co (1998)

Annette Gross
ist Geschäftsführerin der Agentur WGP-Produktdesign in Ellerau. Sie ist
Referentin zum Thema Tischkultur für Menschen mit körperlichen Beeinträchtigungen. WGP-Produktdesign hat sich u. a. auf die Produktent-
wicklung von geeigneten Hilfsmitteln für Alltag und Pflege spezialisiert.

IMPRESSUM

Genuss im Alter:
Kochen für Menschen mit Demenz
© 2008 Claudia Menebröcker,
Jörn Rebbe

Herstellung und Verlag
Books on Demand GmbH, Norderstedt

Kontakt
Claudia Menebröcker und Jörn
Rebbe
info@genuss-im-alter.de
www.genuss-im-alter.de

DANKE auch an
Maria Kampwerth und Petra Uhlmann
für die Anregungen

Gestaltungskonzept/Layout
www.werbebuero-ks.de:
Werbebüro KS, Silvia Kilders
Lektorat
www.schreibware.com: SCHREIB_WARE
Texte und Lektorat für Unternehmen
Fotografien
www.edition.uhlensee.de: Photographie
Michael Uhlmann
www.lichtschacht.com: Lichtschacht -
Studio für Fotografie
Marketing
www.m4marketing.de
Nährwert-Berechnungen
Vanessa Weber
Webseite
www.seitenkueche.de

BEZUGSADRESSEN

Ess- und Trinkhilfen
WGP-Produktdesign
Beim Haferhof 5
25479 Ellerau
Telefon +49 4106 6556789
Telefax +49 4106 626313
www.wgp-produktdesign.de